群星
GREAT
TALENTS

罗澍伟 主编

阅读天津
HOW TO READ TIANJIN

李叔同

康蚂 著

天津出版传媒集团
天津人民出版社

图书在版编目（CIP）数据

李叔同 : 送别吟悲欣 / 康蚂著 . —— 天津 : 天津人
民出版社 , 2024.1
（阅读天津 / 罗澍伟主编 . 群星）
ISBN 978-7-201-19977-1

Ⅰ . ①李… Ⅱ . ①康… Ⅲ . ①李叔同（1880-1942）
- 传记 Ⅳ . ① B949.92

中国国家版本馆 CIP 数据核字 (2023) 第 238339 号

李叔同：送别吟悲欣
LI SHUTONG: SONGBIE YIN BEIXIN

出　　版	天津人民出版社
出 版 人	刘锦泉
地　　址	天津市和平区西康路 35 号
邮购电话	（022）23332469

策　　划	纪秀荣　赵子源
责任编辑	李　羚
装帧设计	世纪坐标　明轩文化
美术编辑	丁莘苈　汤　磊

印　　刷	天津海顺印业包装有限公司
经　　销	新华书店
开　　本	787 毫米 ×1092 毫米　1/32
印　　张	6.25
字　　数	80 千字
版次印次	2024 年 1 月第 1 版　2024 年 1 月第 1 次印刷
定　　价	48.00 元

HOW TO READ TIANJIN

GREAT TALENTS

主编的话

罗澍伟

　　天津，群星璀璨，人才辈出，他们用炽热的生命，书写了这座城市的骄傲与自豪。

　　天津是中国北方最早和最大的沿海开放城市，惟其"早"，在中西文明的碰撞中，引领了潮流和时尚；惟其"大"，海河五大支流在此汇聚入海，滋养了这片培育精英的沃土。百余年来，这里涌现了一批打破时空维度，精神属于中国、才华属于世界的大师级人物。

　　"阅读天津"系列口袋书第二辑"群星"，恰似一幅近代天津历史与文化的人物画卷，读者可以从哲学、译学、新闻、实业、科学、文学、艺术等不同视角，品读这座城市，其中包括：

被赞为"中国西学第一者"的维新思想家严复，被誉为"世界第一之博学家"、著述等身的梁启超，"为酬素志育英才"的教育家张伯苓，"二十文章惊海内"的弘一法师李叔同，"化私为公"的实业家、藏书家周叔弢，"学识以强国、仁爱以育后"的化学家杨石先，一代话剧宗师、中国话剧奠基人曹禺，为数学研究鞠躬尽瘁的"整体微分几何之父"陈省身，"荷花淀派"创始人、"有风格的作家"孙犁，"江湖笑面写传奇"的相声表演艺术家马三立。

纵观他们的一生，有家国的高度，有民族的厚度，有地域的广度。他们把巅峰岁月中的生命磨砺之美，无保留地献给了天津。他们为实现中华民族伟大复兴做出奉献，用担当诠释大义。他们活出了自己的精彩，而且能够跨越时代，触动今人的心灵。他们的精神，穿透城市的晨雾与暮霭，有了他们，这座城市才有了完整的生命。

如今，时过境迁，斯人已去，但他们从未隐入历史的烟尘。他们在天津亲历了近现代中国的历史进程，奏响了人生的跌宕音符与精彩华章。他们的生命，早已融入天津的血脉，成为这座历史文化名城百年成长的标志与象征。

　　他们的人生，也留下了许多值得回味、令人深思的启迪：对一个人来说，重要的不是生命的长度，而是留在他人心目中的高度。

　　每个人都有灵性，每个人的生命之旅都是一个不断发现的过程，也是不断觉醒的过程。每个人的身上都蕴藏着改变的力量，才华只是激情与灵感的乍现。大凡找到人生意义的，都是英雄。最好的人生态度，就是发自心灵深处、对社会与生命的感悟；在追索人生深度的同时，找到属于自己的位置——既收获了奋斗的历程，又体验了人生的意义。

　　天津过往有无数"风流人物"，要使珍藏在时光里的历史切片一一再现，几乎是不可能的。"便将万管玲珑笔，难写瞿塘两岸山。"

　　在新的历史起点上，让我们奋力追赶历史上的"群星"吧！用海阔天空的想象力、迎难而上的践行力，拥抱更高更远的未来，为实现中华民族伟大复兴不懈奋斗！

（主编系著名历史文化学者、天津市社会科学院研究员、天津市文史研究馆馆员）

关于李叔同的问与答

作为出版过弘一大师李叔同传记的作者，我经常会在不同场合，被人问到与大师有关的问题，限于各种原因，未能一一作答，略感遗憾。现在机会来了，特别挑选出五个读者最感兴趣的问题，用模拟问答的形式进行交流。以这篇关于李叔同的问与答为序。

问：李叔同在天津住过多久？

答：李叔同从出生到出家，在天津前前后后生活了二十多年，天津这片热土赋予李叔同高尚的人格魅力和深厚的艺术滋养。李叔同在青少年时期，师从津门名士赵元礼学填词，拜师唐静岩学书法、篆刻，常与严修、王仁安、孟广慧、陈宝泉、李绍莲等精英雅集，增长了知识，拓展了视野，为他日后纵横艺坛打下坚实基础。一八九八年，李叔同离津赴沪闯荡。此后数年间，李叔同回天津探亲、工作、奔丧，每次在津居住的时间都不长。李叔同出家后，曾收到原配夫人俞氏去世的消息，决定回津吊唁，最终因为战乱未能成行。

问：李叔同为什么出家？

答：目前学界主要有厌世说、破产说、悟道说三种观点。我认为各种诱因都有，要综合来看。简而言之，因现实的打压，因病痛的折磨，因佛法的顿悟，最终让李叔同冲破俗世的牢笼，去往婆娑世界追求更高级的人生境界。这也是大师弟子丰子恺所说的"第三层楼境界"，即灵魂生活。李叔同认为，唯有通过参悟佛学才能获得心灵解脱，不被世俗生活奴役。并且，李叔同选择出家时，曾征得家人同意。

问：李叔同是怎样的人？

答：《弘一大师永怀录》一书收录了大师知己好友和门人弟子的回忆文章，根据这些人的回忆，可以大致勾勒出李叔同的轮廓。有人说他清瘦如鹤，语音如银铃，举止安详，仪容恬静；有人说他温而厉；有人说他能讲标准流利的普通话；有人说他不能接受别人迟到；有人说他不愿结交权贵……李叔同的自我评价是：说话时会因紧张而略微结巴，性格也孤僻。

问：李叔同为什么爱花？

答：大师在不同时期的生活及存世的遗墨中多处涉及花，主要包括：山茶花、菊花、芙蓉、梅花、杨花、桃花、海棠、梨花、柳

花、茶花、水仙、莲花、石榴花、桂花、白兰花，共计十五种。大师尤其喜欢山茶花，曾留下《咏山茶花》《手绘山茶花图题词》《冬》三首涉及山茶花的诗词作品。最值得玩味的是，大师在日本留学期间专门排演过话剧《茶花女》。花与生俱来的纯洁无瑕让大师感动，花为众生带来色彩与芳香，引发大师对生命的体悟与自省。花美好而短暂的一生，让大师看透生命的本质，超越平凡的生活。

问：李叔同与学生关系如何？

答：刘质平、李鸿梁、丰子恺、吴梦非等人，都是李叔同在杭州任教时期的学生，他们的师生关系非常融洽，感情也非常深厚。李叔同尤其对刘质平更为关爱。刘质平在日本留学付不起学费，李叔同写信承诺以自己的薪水资助其完成学业，他在信中说："此款系以我辈之交谊，赠君用之……将来不必偿还。"为了让刘质平安心读书，李叔同甚至推迟了出家的时间。多年后，刘质平这样定义他与李叔同的关系："先师与余，名为师生，情胜父子。"

康蜗
2023年9月

目录
CONTENTS

01

天津桥上
杜鹃啼

生于积善之家

一八八〇年十月二十三日，李叔同出生于天津海河东地藏庵前陆家胡同二号一个富贵之家，其按中国的属相论属龙。李叔同三岁那年，父亲李世珍经营多年的生意风生水起，于是购房置地，全家迁居海河东粮店后街六十号。

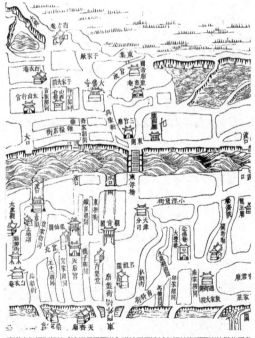

清道光年间刊行的《津门保甲图说》描绘了天津城东门外海河两岸的繁华景象

粮店街是当时天津最繁华的地带之一。这条街北起北河故道，南至兴隆街，在长达十余里的海河岸上，粮店一家挨着一家，河道上漕运船只首尾相接。为了漕粮卸存和转运方便，粮店前门和后门各形成一条街道，前门叫粮店前街，后门为粮店后街。

李叔同家的新宅沿街而建，坐西朝东，背靠海河。大门是"虎座"门楼，门楣上有精细的镂刻砖雕百兽图，墙壁磨砖对缝，迎面有刻砖照壁，门楼左侧是一个厅房。门楼内正面有四扇平门，平常不敞开，像一座影壁，出入则走门楼东侧。门前挂有"进士第"匾额，过道内悬着"文元"匾额。

新宅内有一间洋书房，室内床架、书桌、椅子等均为红

李叔同出生地——陆家胡同李氏旧宅

李叔同三岁时随父举家迁至粮店后街的新宅

木打造。洋书房台阶下，有竹篱笆围成的小花园，名为"意园"。意园与后院游廊相通，园内有修竹盆花、山石盆景、小池塘和梅树、石榴树。新宅距离海河不到百米，船运非常便捷。童年时，李叔同每天可以看见大宗货物从外地运抵，车马喧哗，人进人出，那时李家在天津显赫一时。

据说李叔同出生那天，一只喜鹊口衔松枝飞入产房，将松枝安放在母亲王氏窗前，然后欢叫一声飞去。李世珍将此奉为吉兆，当即安排管家购鱼购鸟放生。消息传出，津门各方捕鱼者、捕鸟者赶来，汇集李宅门前兜售鱼虾飞鸟。故而李叔同家门前的海河，一时间鱼虾入水、百鸟齐飞，场面颇为壮观。以后每逢李叔同生日，李世珍都要大举放生，成为津门一道风景。

李世珍为清朝进士，官至吏部主事。其在任期间购买大量盐田引地，辞官后在津经商，先后开办桐达钱铺等商号，因桐达钱铺在天津及外埠颇有声望，被称为"桐达李家"。一八七九年，李世珍在天津创办慈善团体备济社，集巨资备荒，每岁的施放钱米、棉衣、医药、棺木及恤嫠、立义塾、种牛痘之费，皆取给于此。此外，李世珍还创办了寄生所，每到寒冬腊月，寄生所都要为衣食无着的贫民施舍衣食。津门百姓感恩于此，称其为"粮店后街李善人"。

惜食惜衣的家风

可好景不长，李叔同五岁时父亲去世，母亲年轻守寡，孤儿寡母的处境可想而知。母亲希望李叔同通过读书求取功名，光宗耀祖。母亲识文断字，从小便教李叔同儒家经典，以此规范他的言行。

母亲要求李叔同每日吃饭前，必须要摆正餐桌，否则就要遭到"席不正不食"的责罚。从此李叔同养成一个习惯，每次吃饭前，都要把餐桌摆正。

李叔同练习写字，喜欢拿整张的纸乱写。母亲看到后，要求李叔同改掉铺张浪费的习惯，让他懂得节俭，并正颜厉色地告诉他："做人要惜福。你要知道，你父亲在世时，莫说这样大的整张纸不肯浪费，就连寸把长的纸条，也不肯丢掉。"

中过秀才的二哥李文熙，主动提出做李叔同的启蒙老师。李文熙先教李叔同理解家中厅堂抱柱上的书联，上联是：惜食惜衣，非为惜财缘惜福；下联是：求名求利，但须

求己莫求人。

李文熙解释道：衣食来之不易，应当珍惜，不要糟蹋浪费；名利靠真才实学方能获得，人生受挫求人无用，关键时刻还得靠自己。

七岁那年，李文熙教李叔同通读《玉历钞传》《百孝图》《返性篇》《格言联璧》《文选》。《格言联璧》是陪伴李叔同一生的读物，出家后他依然拿《格言联璧》检点日常言行，哪些已经做到，哪些没有做到，从而进行总结和反思。

母亲告诉李叔同，做错事情没什么，但必须要正视错误，只有这样才能晓得自己德行欠缺，修善不足，那样才可努力用功，努力改过迁善。

李叔同向母亲请教："何谓惜福？"

母亲答："惜是爱惜，福是福气。我们纵有福气，也要加以爱惜，切不可把它浪费。为什么呢？因为在末法时代，人的福气是很微薄的，若不爱惜，将这很薄的福享尽了，就要受莫大的痛苦，

童年时代的李叔同

李叔同与二哥李文熙在家中下棋

古人所说乐极生悲，就是这个意思。"

八岁以后，李叔同到常云庄家馆接受儒家传统教育，常云庄是李叔同遇到的第一位专业老师，亦是一位名师。常云庄因材施教，结合李叔同的天资禀赋及兴趣爱好，摒弃传统儒士课徒的陈规，改为教授古诗、辞赋、传记、文字学等。李叔同陆续读完《孝经》《毛诗》《唐诗》《千家诗》《古文观止》《说文解字》《左传》等。

经过常云庄的言传身教，李叔同在诗词和文字学方面具备了扎实的功底，为日后纵横文艺、精研佛典打下深厚的基础。

辅仁书院的新思潮

从常云庄家馆结束学业，李叔同考入设在天津西北角文昌宫的辅仁书院。辅仁书院之前的教学方法相对传统，设有分别钻研、互相问答、集众讲演、定期会客四个环节。为了顺应时代潮流和社会需求，校方对固有的教学方法进行改良，指导学生各自研习儒家经典，每月举行两次考试，由官方和学校共同命题习作制文，阅卷评定等级，发给奖银，以此促进竞争意识，为学生应对科举考试做准备。

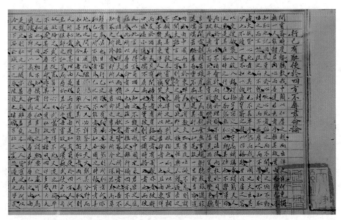

李叔同的考课作文《行己有耻使于四方不辱君命论》

天津辅仁书院

　　此方式正是李叔同所好，他踌躇满志，研学精进，文采出众，很快就从众学子中脱颖而出。每次书院考课命题作文，他均列全班之冠，获得奖银。然而让李叔同苦恼的是，卷纸太短，文章很长，经常写不完就无纸。李叔同突发奇想，就在每格写两字，最终在有限的卷纸上写下全文，以致书院师生在赞叹李叔同文才之余，还戏称他为"李双行"。

　　不久，天津县学进行改革，将辅仁书院原有奖银减去七成归于洋务书院，年轻气盛的李叔同认为此举不公，气愤之余写信向家中账房先生徐耀廷抱怨："今有信将各书院奖赏银皆减去七成，归于洋务书院。照此情形，文章虽好，亦不足以制胜也。昨朱莲溪兄来舍，言有切时事，作诗一首云'天子重红毛，洋文教尔曹。万般皆上品，惟有读书糟'。此四句诗，可发一笑。弟拟过五月节以后，邀张墨林兄内侄杨兄，教弟念算学，学洋文。"

尽管李叔同对辅仁书院的求学经历不甚满意，但其在他的成长过程中也留下了灿烂的篇章。数年之后，已在上海扬名立万的李叔同应直隶省立第一师范附属小学（由辅仁书院改建）之邀，为母校撰写校歌，歌云："文昌在天，文明之光。地灵人杰，效师长；初学根本，实切强；精神腾跃，成文章。君不见，七十二沽水，源远流长。"

在辅仁书院求学期间，李叔同以童生资格应天津县儒学考试，在应试中通过《致知在格物论》《非静无以成学论》《论废八股兴学论》《行己有耻使于四方不辱君命论》《乾始能以美利利天下论》《管仲晏子合论》六篇见解独到的评论文章，表达了对时局的看法。其中，《管仲晏子合论》最能道出李叔同内心涌动的支持维新变法的潜流："闲尝读史至齐威王、宣王世。而地方三千里，带甲数十万，粟如邱山。三军之众，疾如锥矢，战如雷霆，解如风雨。窃叹齐以弹丸之邑，何竟若是之繁盛乎！而不知溯其兴国者有管仲，溯其保国者有晏子。"

在李叔同看来，齐国之所以强盛，既离不开圣明君主，也离不开能人志士的辅佐。能人者，管仲和晏子最富盛名。放眼当下，中国若有几个管仲、晏子这样的人才，应能重振国威，告别屈辱。李叔同说的不就是康有为吗？如今清廷腐败无能，维新失败，李叔同的心情非常苦闷。让李叔同更为苦闷的还有，才华横溢的他苦读多年，最后竟连个秀才都没考上。其策论中流露出的新思潮和新语句，在阅卷考官看来实属离经叛道。随便找个理由，就取消了他的晋级资格。

名师传艺

不久之后，李叔同进入位于鼓楼东的姚氏家馆学习。鼓楼东姚家是天津名门望族，李叔同的二哥娶了姚家的小姐，李家和姚家关系密切。在此期间，李叔同遇到赵元礼和唐静岩两位名师。

赵元礼乃清光绪年拔贡，与严修、孟广慧、华世奎并称津门四大书法家。李叔同跟随赵元礼学习书法，赵元礼书法创作的核心理念是"求其平整，字与人同"。他认为："初学分布，但求平整，便追险绝，既能险绝，但归平整，此真书法之金科玉律也。今人写字，当未臻平整境界，便作奇邪狂怪一派，不但终身不能入门，且贻后生以无穷之害，此大谬也。"

又说："看字之方式，与看人之方式相同，甲乙两人来求事，甲则言语清晰，行动整肃，乙则言语杂乱，行动懈弛，予欲用人，必取甲而绌乙也明矣。字之点画不苟，犹人之言语清晰也，字之结构不散，犹人之行动整肃也。不研究写字则已，若研究写字，圣人复起，不易吾言。"

李叔同学习赵元礼的艺术主张，并形成自己对书法的独特理解。李叔同认为，写字不能随随便便。每个字的地位要正，要不偏左不偏右，不上不下，要有一定的标准……写字时，写这个字，眼睛专看这个字，其余的就不管，这也是不对的。因为上面的字与下面的字都是有关系的，即全部的字，不论上下左右都须连贯才可以，这一点很要紧，须十分注意。不可只管写一个字，其余的一切不去管它。因为写字要使全体都能够配合，不能单就每个字去看。

李叔同跟随唐静岩学习书法及篆刻，唐静岩篆艺得书法相助，刀法犹见功力，被业界公认有秦汉遗风。李叔同跟随唐静岩学艺两年，篆刻技艺突飞猛进。为谢师恩，李叔同出资为唐静岩出版《唐静岩司马真迹》。

《唐静岩司马真迹》书影

13

除了赵元礼、唐静岩之外，李叔同与严修、王仁安、孟广慧、华世奎、王襄、李子明、刘宝慈等均有交往，这些人都是照亮中国近代艺术星空的大师，多系文人学者或教育界人士，大多潜心艺术，淡泊名利。雅集时少了互相吹捧，多了客观点评。意气风发的李叔同在前辈的熏陶下，收获是最多的。

忘年之交徐耀廷

少年时期的李叔同痴迷金石篆刻，经常在家中与徐耀廷切磋技艺。徐耀廷为人正直、心地善良、做事认真，比李叔同大二十多岁，两人成为亦师亦友的知己。李叔同遇到困惑之事，就向徐耀廷倾诉。徐耀廷帮他进行分析，给予正确的引导。

青年时代的李叔同对动物产生兴趣，在家中养了很多只猫。当李叔同与徐耀廷在书房切磋篆刻技艺时，有的猫会蹿到桌上横躺竖卧，做一些捣乱的事；有的猫蹿房跃脊，天上地下追逐嬉戏，不时传来杂物落地的阵阵响声；有的猫则蹲在池塘边瞪大双眼与水中游鱼交流对峙。

李叔同赠徐耀廷的书扇

李叔同写给徐耀廷的书信信封

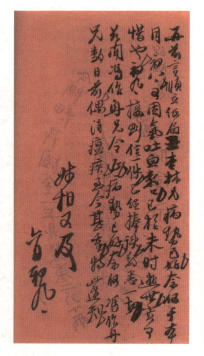

李叔同写给徐耀廷的书信

李叔同从学堂回到宅院，一进门便被群猫众星捧月般环绕，俨然已成为众猫之王。李叔同享受这种来自动物的真诚无邪的爱意，为了铭记与徐耀廷度过的美好时光，他将李宅命名为"天津猫部"。至此以后，"天津猫部"便出现在李叔同与徐耀廷的通信中。

李叔同：送别吟悲欣 01 天津桥上杜鹃啼

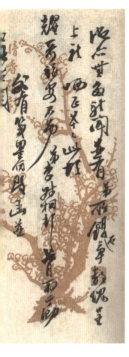
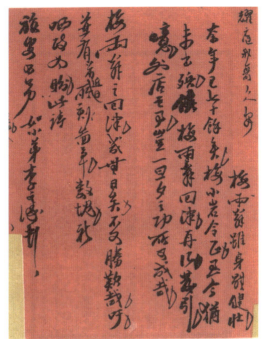

　　一八九六年，徐耀廷到张垣公干，无法与李叔同见面，二人以书信互诉衷肠。李叔同给徐耀廷陆续写了十七封信。天气阴晴、市场行情、金石篆刻及家中种种琐事，李叔同都会告诉出门在外的徐耀廷，以解其客居异乡的寂寞无聊。遇到红白事，李叔同也会主动代表徐耀廷送上礼金，并去信告知事情始末。

一八九六年农历七月二十一日的信中，李叔同向徐耀廷讲述了天津水患情形及委托事务："……津门水势至今因连日晴明，是以平漕日见其落。张杏田前患疟疾，至今已愈月余。至昨日又因心中不畅，烦家兄看脉，云系暑热。从此回家，至今日未知好否，并未曾上铺。弟昨又刻图章数块，奉上祈晒政，为幸。再并有猫部贺节信一函……"

一八九六年农历七月二十八日的信中，李叔同又向徐耀廷讲述了朋友的病情、丧礼及刻章事宜："前廿一日寄上第十一号信一函，并有猫部贺节，王含墨讣帖信二件，谅必早登台阅矣。谨将近日新闻列左。张杏田病势已愈，于昨日已经上铺。祈无容挂念为要。王含墨令侄曾孙之讣帖，想已收到，祈无容送礼，弟已代阁下送上呢幛一轴，纹银四两。伊将呢幛收下，将纹银璧回，并有谢帖一纸奉上，祈查收为要。再，昨弟又刻图章数块，印在纸上，祈晒正，是幸。别无可报。此致耀照，并询大安。不另。"

李叔同在天津猫部给徐耀廷执笔写信时，诸猫将他环绕其间，不时喵喵叫，以爪当作图章摁于纸上，似活泼好动的顽童。远在异地的徐耀廷见信后，不禁会心一笑，在秋日的微风中思念着忘年交李叔同。

跟名伶学戏

晚清，戏曲艺术群芳争艳、流派纷呈，观众欣赏戏曲多从短打武生戏入门。天津作为北方的工商大埠，为开辟戏曲演出场所提供了必备条件。这一时期，天津出现了被称为"茶园"的演出场所。观众入园只收茶资，不收戏票。商贾、掮客常常到茶园谈生意、做买卖。

当时天津最著名的"四大名园"为金声茶园、庆芳茶园、协盛茶园、袭胜茶园。茶园所演剧种多为梆子、皮黄、昆曲。红遍京津两地的名伶杨翠喜所在的协盛茶园，坐落于侯家后北口路西，园内有包厢和散座。《拾玉镯》《喜荣归》《珍珠衫》是杨翠喜压箱底的戏码。

李叔同痴迷戏曲，曾拜天津花脸名票刘永奎为师学演武生，还曾多次拜访孙菊仙、杨小楼等名家，并当面请教。那段时期的李叔同整日泡在茶园听戏，散场后就到后台向演员请教，然后回到家苦练基本功。

那一日，茶园后台的门帘一开，李叔同与正值豆蔻年华的杨翠喜见面，他们于是讨论了舞台表演的各种细节。比如演武生如何在开打时甩髯口，演花旦如何扮相漂亮，如何走路体态婀娜轻盈，科班出身的杨翠喜毫无保留地对李叔同倾心传授。李叔同为了学戏着实下了一番功夫，吃了很多苦头。没多久他就能踩着锣鼓点登台表演了，因为主攻武生，以做、打、念为主，所以少有唱工戏。

杨翠喜见李叔同身材纤细、相貌英俊，建议他考虑男扮女装演旦角。

杨翠喜："李公子的禀赋和身段，是我所见过的票友中非常难得的，完全可以去试试演旦角。那样的话，你的戏路会越来越宽。"

李叔同："别人说我是富家子弟玩票，新鲜几天也就过去了，我偏要学一样像一样，做一样成一样。"

杨翠喜："学戏很苦，是让人瞧不起的下九流，在台上风光无限，在台下看人脸色。没有一个靠山，就会遭到同行的欺侮。我们的苦，你不会懂。"

李叔同："在天津地面上，李家还是有些势力的。"

杨翠喜笑意盈盈地看着李叔同，心底涌起一阵波澜，无论刚才的话是出于安慰，还是一时兴起的承诺，都让她感到温暖。她感到，这位李公子与其他纨绔子弟不一样，他既懂戏，也懂得人心，是值得信赖的朋友。

李叔同早年演出京剧《八蜡庙》剧照

杨翠喜："学戏对你来说就是消遣怡情，当不得事业，当不得饭吃。学会了，也该回家了。"

李叔同："我记下你刚才说的话了，以后有机会一定要试试演旦角，看看自己扮成女装后到底是个什么样子。"

杨翠喜："当然好看了，毕竟你有天赋……毕竟你是我教过的学生。"

一年后，杨翠喜卷入震惊全国的"权色交易"事件中，成为晚清官员政治交易的牺牲品。此案之后，杨翠喜退出梨园行，嫁给富商为妾。

02

大名传遍
沪江涯

得到文坛前辈赏识

一八九八年深秋，受时局影响，李叔同奉母携眷从天津塘沽启程，坐船到了上海。抵达上海后，李叔同的才华很快引起上海文坛领袖许幻园的注意。许幻园创办的城南文社每月会课（文）一次，聘请张蒲友孝廉阅卷评定甲乙，目的是提倡新学诗文。李叔同向文社投稿，数次获得好评，许幻园力邀李叔同入社。

李叔同首次参加城南文社会课当日。在众人期待的目光中，一位翩翩公子走进草堂。只见他丝绒碗帽，正中缀一方白玉，曲襟背心，花绸袍子，脑后扎着黑色发辫，下身缎带扎裤管，双梁头厚底鞋子，身形挺拔，眉目之间流露英气。许幻园见之，顿生相见恨晚之感。

张蒲友孝廉出的文题很长，为《朱子之学出于延平，主静之旨与延平异又与濂溪异，试评其说》。李叔同在天津时就写过《致知在格物论》等针砭时弊的文章，因此看完题目后稍加思索，很快就写毕文章。文章被众

夢仙大妹幼學於王笨園
先輩能文章詩詞又兼工
鶴京鄉學畫宗七薌家法
而能得其神韻時人以出
藍譽之是畫作於庚子九
月時余方春母居城南草
堂花晨月夕母輒招大妹

說詩評畫引以為樂大妹
多病母為治藥餌視之如
己出壬寅荷華生日大妹
逝越三年乙巳母亦棄養
余乃亡命海外放浪無賴
迴憶曩日家庭之樂唱和
之雅恍惚如昨若隔世矣今

歲幻因緣兄示此幅索為
題辭余惆逝者之不作悲
生人之多艱聊賦短什以
志哀思

人生如夢耳哀樂
到心頭灑剩而行

誤吟成一夕秋悲雲
渺天末明月下西樓

今春余還城南草由意仍
投合揚卿大夫羔羔矣

無長物丹青斗羽留
壽世

甲寅秋七月
辛忿時客錢塘園圓

许幻园刊行《城南草堂笔记》，李叔同为其题签

人传阅，皆为之惊叹。

　　许幻园被李叔同的才华所折服并引为知己，为便于朝夕相处切磋文艺，许幻园特地在城南草堂辟出专区，邀请李叔同全家搬来居住。人生逢一知己足矣。遇到许幻园，为李叔同打开了一扇门，让他有了安定的居所，度过了最为从容安舒的六年文士生活。

　　这年初秋，许幻园夫人宋梦仙绘得《城南草堂图》。为将此图编刊成书共结墨缘，许幻园征求上海名士为之题句。宋梦仙写诗曰："花落花开春复春，城南小住寄闲身。砚前写画心犹壮，莫为繁华失本真。"李叔同即兴得诗《和宋贞题城南草堂图原韵》："门外风花各自春，空中楼阁画中身。而今得结烟霞侣，休管人生幻与真。"

诗中的"烟霞侣"有所指。许幻园与宋梦仙既是夫妻又是文友，关系融洽又有共同语言，被朋友比作宋代的赵明诚与李清照、元代的赵孟頫与管道升夫妻。这对让人羡慕的夫妻，被李叔同称为不知人间烟火的"烟霞侣"，再贴切不过了。

客居上海时期的李叔同

辛丑回故乡

一九〇一年，京津沦陷，天津街道、房屋被毁坏，路有死伤，繁华的北方大都市变成一座残破的废城。覆巢之下，安有完卵。曾经显赫的桐达李家也深受其害，为日后衰败埋下了伏笔。这年三月，客居上海不久的李叔同回津探亲。李叔同此行目的是打探津门战乱实况，顺道看望举家避难河南的二哥李文熙。

山河破碎，光景殊非，给李叔同的天津之行蒙上了厚厚的阴影。初春的北方，寒风刺骨，轮船抵达大沽口，李叔同站在船头眺望前方，天津已不是昨日之天津，战火之后，一片萧然，冰冷的海水仿佛也在低沉呜咽。眼前之景触动了李叔同，他写下一首《夜泊塘沽》："杜宇声声归去好，天涯何外无芳草。春来春去奈愁何，流光一霎催人老。新鬼故鬼鸣喧哗，野火燐燐树影遮。月似解人离别苦，清光减作一钩斜。"那一刻的李叔同悲凉凄楚、愁绪满腹，他第一次感受到战争的残酷，并预想到随之而来的赔款和割地，摇摇欲坠的国家将不堪重负，陷于战火中的人民将更加无助。

在天津探亲近一个月，李叔同多次拜访恩师赵元礼。赵元礼已辞去姚氏家馆教师之职，执教于天津某育婴堂。劫后重逢，唏嘘感慨，师生见面自是一番畅谈。其时李叔同"二十文章惊海内"，已是名扬天下的才子。赵元礼替学生高兴，并对李叔同提出更高的期望。战乱阻滞交通，李叔同取消了去河南看望二哥的计划，于四月返回上海。

四个月之后，李叔同将天津之行所作诗词编辑出版，书名为《辛丑北征泪墨》。卷首刊载赵元礼题诗，记录了二人在战火中的天津重逢的场景，其诗曰："神鞭鞭日驹轮驰，昨犹绿发今白须。景光爱惜恒欹歟，矧值红羊遭劫时。与子期年常别离，乱后握手心神怡。又从邮筒寄此词，是泪是墨何淋漓。雨窗展诵涕泗垂，檐滴声声如唱随，呜呼吾意俦谁知！"

《辛丑北征泪墨》书影

退学风波

一九〇一年，李叔同以第十二名的成绩
考入上海南洋公学经济特班，蔡元培担任该
班中文总教习。这一班的学生年龄较大，有
的已成家立业，还有的之前就是秀才，但各
个都是精英。蔡元培是新式教育家，他的教
育思想自由开放，教育方法灵活多变，注重
启发学生独立思考的能力。在同班同学中，
李叔同与邵力子、黄炎培、谢无量等十多人，
后被公认为是蔡元培的高足。

特班日常课程，上午读英文、算学，下
午学中文，间以体操等户外活动。第一堂中

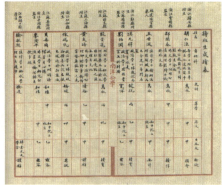

李叔同南洋公学成绩单

文课，蔡元培开诚布公地对台下端坐的学生们说："特班生可学的门类很多，有政治、法律、外文、财政、教育、哲学、文化、伦理等，一共二十多门。你们可以自定一门，或二门，或三门。等大家选定后，我再给你们每人开具主要书目和次要书目，依照

蔡元培

次第，向学校图书馆借书，或者自购阅读。"

　　蔡元培强调，老师讲解辅导只是一方面，而且是次要的方面，主要还是靠学生自己去认真阅读领会。蔡元培要求学生每人每天必须写出一篇阅读札记，交上来由他批阅。学生的札记蔡元培都有批语，优者在本节文字左下角加画个圆圈，更优者画两个圆圈。蔡元培还规定，学生每月写命题作文一篇交于他批阅。除了审读批改读书札记、命题作文之外，蔡元培每天晚上还召集两三个学生到他住所谈话，或是发问，或是和大家分享读书心得、时事感想。

　　南洋公学非常重视外语学习，蔡元培在课堂上说，世界风云变幻，新旧事物更新很快，要想不落后，必须跟上时代的步伐。学外语就是与时俱进。要想了解国际时局，必须通晓外国文字，读外国报刊。英文是要读的，日文也是要读的。多读日文转译过来的现代内容的书，边学边译，练习笔译的能力。

李叔同翻译的法学著作

在蔡元培的指导下，李叔同翻译了《法学门径书》和《国际私法》。其中，《国际私法》译著被列为《译书汇编》杂志编辑出版的"政法丛书"第六编。《译书汇编》专门编译欧美法政名著，启迪青年思想进步，在当时影响很大。

为了让学生更好地接触社会，练就不凡口才，蔡元培让他们多练习演讲，并组织演讲会。蔡元培说，今日之学人，不但自己要学习新知识新思想，还要用学来的新知识新思想引导社会，启发群众。而现在的民众，大多数不识字，不能读书看报。怎样才能用我们学来的新知识新思想去启发他们呢？用口语，即用讲演去宣传，这是一种极有效的方法。

随后演讲会成立，但面临一个尴尬的问题。特班同学大多来自江浙一带，用南方口音的普通话演讲，常遇到因发音不准而造成的笑场。李叔同来自天津，讲的普通话相对标准，吐字也清晰，大家便请他教授普通话。

不久，学校爆发了"墨水瓶事件"，这一事件被称为中国学运史上的"一声霹雳"。事件导火索为守旧派的老师压制学生的新思想，遭到学生的反抗。中学部第五班教员郭镇瀛，常在课堂上鼓吹封建帝制的"圣祖""武功"思想，禁止学生阅读进步报刊，学生非常反感，师生关系剑拔弩张。后来有学生误将墨水瓶放在郭镇瀛座位上，郭老师大怒，指责学生故意侮辱他，要求校方严惩学生。校长（汪凤藻）不问青红皂白，斥逐了几个学生。学生们认为，被逐者并非侮辱师长，呼吁校方收回成命，但校方则令一并驱逐。事情最后发展为全级为请，斥全级；全校为请，斥全校。

蔡元培据理力争，亦无济于事，愤慨之下，辞职离校。蔡元培对一道出校的退学学生们说："校长不让我们完成学业，我们应该自动地组织起来，扩大容量，添招有志求学的青年学生来校进修，你们能胜任哪门功课的就当哪门功课的老师。如果愿意回乡办教育，也是很有前途的。"说罢，蔡元培携众学生退出了南洋公学，这是中国教育史上从未有过的退学风潮。退学的李叔同随后到上海圣约翰大学当了一段时间的国文老师。

为亡母弹琴歌唱

母亲弥留之际，李叔同正在外面购买棺木，到家之后，母亲已撒手人寰。无缘得见母亲最后一面，李叔同后悔不已，引为人生憾事。

李叔同将沪学会教务交付许幻园接手，乘船运送母亲灵柩回津。一别数年，再次踏上津门的土地，李叔同悲喜交加。此时家业由二哥李文熙继承，经营着钱铺和盐号。

站在三岔河码头，李叔同在人群中看到一个熟悉的身影，好友徐耀廷正在向他招手。一切那么熟悉而温馨，但接下来的事让李叔同始料未及，他与二哥发生了激烈的争吵。

李氏家族有"外丧不进家门"的祖训，凡在外亡故者，灵柩不能进入家宅。面对李文熙的阻拦，李叔同据理力争。他说了两个原则：一是遵奉母命，落叶归根；二是母亲系李家媳妇，回家天经地义。双方争执不下，后经长辈从中调解，李文熙才同意灵柩入宅。

一九〇五年六月，天津发生了一件闻所

未闻的新奇事，李世珍的三公子李叔同为亡母主持了一场文明丧礼。李叔同参照西方追悼会先例，要求来宾不赠钱物，改送花圈挽联。亡人之子不再跪地读祭文，改为献花致悼词。出殡时来宾鞠躬即可。送葬家人不穿孝衣，不戴孝帽，改穿黑衣、黑裤。不请僧人念经，改为合唱哀歌。

李叔同端坐于钢琴前，一边弹奏一边唱起《追悼李节母之哀辞》："松柏兮翠蕤，凉风生德闱。母胡弃儿辈，长逝竟不归！儿寒复谁恤？儿饥复谁思？哀哀复哀哀，魂兮归乎来！"

这场丧礼，引发了社会广泛关注，天津《大公报》连续三次作了报道。慈母亡故，加之经历乡试之痛，以及南洋公学退学风波，让李叔同不得不重新审视六年的沪上生活，他得出的结论是两个字：哀伤。

在津守丧期间，李叔同感到人生陷入迷局，不知道出路在何处。旧师赵元礼带来好消息，让李叔同看到一丝曙光。赵元礼当时担任直隶工艺学堂庶务长，受天津学务处委托，将带领学生到日本实习考察。赋闲在家的李叔同便作为访问团随行人员，一起去了日本游学。

03

故国天寒
梦不春

创办《音乐小杂志》

《醒狮》书影

李叔同在日本东京结识的第一位中国留学生叫高剑公，高剑公准备创办一份名为《醒狮》的刊物。得知李叔同有美术功底，高剑公邀他为刊物设计封面。花了几天时间，李叔同设计出别致的封面：一头睡醒的雄狮匍匐在地，欲起身，旁边配两个小天使，暗示睡狮被其叫醒，焕发朝气。创意奇妙，通俗直观，一目了然。封面当即被高剑公采用。

转年春天，李叔同创办《音乐小杂志》，编辑、设计、跑印务、出资、发行、广告均由其包揽。上面刊登了李叔同撰稿的关于音乐的文章和歌曲，也有他搜集的关于音乐知识的资料。杂志办得颇具特色，栏目多、内

《音乐小杂志》书影　　　　　　李叔同用炭笔绘制的贝多芬像

容丰富，包括图画、插图、乐史、乐典、乐歌、杂纂，等等。

　　在这本新生的杂志中，李叔同从日本石原小三郎的《西洋音乐史》精选资料，编写了《乐圣比独芬传》（比独芬即贝多芬），封面用炭笔绘制了"乐圣比独芬像"。李叔同是第一位向中国介绍贝多芬的人，也是尊称贝多芬为"乐圣"的第一人。李叔同在文章中如此评价贝多芬："天性诚笃，思想深邃，每有著作，辄审订数四，兢兢以遗误是憬。旧著之书，时加厘纂脱，有错误，必力诋之。其不掩己短，有如此。"

　　《音乐小杂志》第一期刊登《呜呼！词章》："予到东

后，稍涉猎日本唱歌，其词意袭用我古诗者，约十之九五（日本作歌大家，大半善汉语）。我国近世以来，士习帖括、词章之学，金蒉视之。挽近西学输入，风靡一时，词章之名辞，几有消灭之势……迨见日本唱歌，反啧啧称其理想之奇妙，凡我古诗之唾余，皆认为岛夷所固有，既出冷于大雅，亦贻笑于外人矣（日本学者皆通《史记》《汉书》，昔有日本人举'史''汉'事迹置诸吾国留学生，而留学生茫然不解其所谓，且不知《史记》《汉书》为何物，致使日本人传为笑柄）。"

在这篇文章中，李叔同提倡国人精读古典文学书籍，免得被外国人笑话。因为日本学者大多熟读《史记》《汉书》和唐诗宋词。课堂上日本人拿汉学举例试问，在座的中国留学生居然不知道《史记》《汉书》为何物。李叔同对数典忘祖的不学之徒嗤之以鼻，并由此引发深深的忧虑。

造成这种现象的原因是，日本自明治维新以来，朝野名士纷纷创办汉诗社团，传播汉诗，使日本民众了解汉诗。此举无疑对中国传统文化的发扬起到推动作用，同时也让"遗忘"国学的中国留学生感到汗颜。李叔同意在提醒诸君，在崇尚西学（特指经过日本过滤后的西方文化）的同时不要忘本，要把传统国学融入血液当中。

《音乐小杂志》只发行了一期，却是中国近现代音乐史上的第一本音乐杂志。李叔同在序言中指出，音乐与美术对人类思想的启迪，及意识形态的影响是相通的。后来他又专门撰文谈论对美术的理解：美，就是好；术，就是方法。美术，就是追求好的方法。人不要好，就没有什么顾忌；物不要好，就没有进步。美术的定义，就是这样。对李叔同而言，所有艺术门类的主旨，都是让人们远离假恶丑，掸去心灵上的灰尘，重获平淡自然的生活，感受思想上的清凉。

写于异乡的诗

随鸥吟社是日本近代最负盛名的诗歌社团，由大久保湘南与森槐南共同发起。诗社名取自李白《江上吟》"海客无心随白鸥"一句。

在东京留学期间，李叔同以中国诗人名义加盟随鸥吟社，并出席神田八町堀偕乐园举行的"东京十大名士荐诗会"，现场得诗二首，题为《东京十大名士追荐会即席赋诗》："其一，苍茫独立欲无言，落日昏昏虎豹蹲。剩却穷途两行泪，且来瀛海吊诗魂。其二，故国荒凉剧可哀，千年旧学半尘埃。沉沉风雨鸡鸣夜，可有男儿奋袂来。"

这两首诗还是延续了李叔同一贯的国粹主义思想，李叔同希望有人站出来，为复兴中华传统文化披肝沥胆。他首先由自己做起，但感到人单势孤。

第一首诗中他感到无望，独自站在苍茫大地上，心有千言想说却说不出。落日昏暗，天边乌云好像虎豹蹲踞。穷途末路无路可行，两眼流泪暂且到东京，以诗来抒发心中的哀愁。第二首诗中他似乎看到希望。故园荒凉，令人心痛，千年古老文化快要被毁掉了。在黑暗的风雨夜中听见鸡鸣，盼望有英雄豪杰挺身而起。

在李叔同早期的诗文中，经常会出现对"救世主"的期望，

发表过李叔同诗作的《随鸥集》

他的这种忧国忧民且痛心疾首之举，是那个时代文人普遍的写照。有感而发的文字，是作者潜意识里的思想，有时是无法选择的。李叔同与他人的不同在于，他既是理想主义者，又是行动主义者。他并非夸夸其谈当纸上谈兵的赵括，而是身体力行尽最大努力去做，并且一生遵守行胜于言的原则。

这次诗会后，李叔同又写了一首《朝游不忍池》，抒发了异国游子的思乡之情。"凤泊鸾飘有所思，出门怅惘欲何之。晓星三五明到眼，残月一痕纤似眉。秋草黄枯菡萏国，紫薇红湿水仙祠。小桥独立了无语，瞥见林梢升曙曦。"这首诗刊于《随鸥集》，被主编大久保湘南评价为"如怨如慕，如泣如诉之作"。

日本留学期间的李叔同

为祖国水灾募捐

日本留学期间，李叔同结识了曾孝谷和黄二南，三人脾气相投，兴趣爱好也相同。他们在一起除了交流诗词，就属戏剧了。李叔同早年拜师学过武生，也曾向名伶学习过青衣，还有过登台表演的经验，聊起来自然滔滔不绝。

三人聊到日本的新剧，认为新剧形式很好，不用锣鼓家伙，不用加唱，全靠动作表演和对话，而且以布景助剧情。由此得出结论，这或许就是中国戏剧未来的发展方向。于是他们决定组建一个社团，综合研究诗词、音乐、美术、演剧四个品类，名为"春柳社文艺研究会"，简称"春柳社"。

李叔同演出话剧《茶花女》剧照

李叔同演出话剧《茶花女》剧照

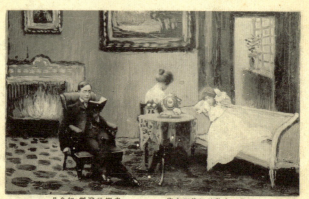

春柳演社剧 纪念品 茶花女苑址坪诀别之场

春柳演社剧 纪念品 茶花女苑址坪诀别之场

春柳社演出《茶花女》纪念明信片

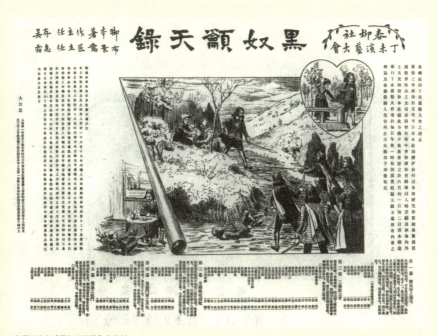

春柳社演出《黑奴吁天录》宣传单

一九〇六年底，春柳社在东京正式成立。首次公演则是在一九〇七年春节期间，演出剧目为小仲马名剧《茶花女》第三幕第四、五两场和第五幕第八场。这次演出是中国留学生为赈济国内徐淮地区水灾，联合东京留学生会馆共同举办。在日本戏剧家藤泽浅二郎的帮助下，春柳社参演筹款。

李叔同男扮女装饰演女主角玛格丽特。他剃去胡须，戴上长而卷的披肩发，穿着飘逸的白纱长裙，形象典雅美丽、楚楚动人，言语、动作、身段、服装都很到位，表演非常成功。日本戏剧家松居松翁观后指出，李叔同的优美婉丽，绝非日本俳优所能比拟。

这是中国近代第一次话剧演出，李叔同是中国第一批话剧演员。

《茶花女》的演出成功扩大了春柳社的影响，入社的人多了起来。除了中国留学生外，日本学生和印度留学生也相继加入。李叔同和曾孝谷决定继续尝试改编斯托夫人的小说《黑奴吁天录》（又名《汤姆叔叔的小屋》）。同年五月至六月，春柳社在东京本乡座游艺厅演出《黑奴吁天录》。

李叔同再次男扮女装，饰演谢尔比夫人。排练期间，李叔同等人还邀请日本著名戏剧家坪内逍遥到场指导，力求达到精益求精。演出当日观众排起长队，每人手里拿着一张精美的宣传单，上面印有剧情介绍、演员名单和演出宗旨等信息。

大幕拉开，一片庄园景色映入眼帘，栩栩如生，此为李叔同设计的舞台布景。观众被深深吸引，现场鸦雀无声。李叔同饰演的谢尔比夫人体态窈窕、台步优美、性格鲜明、酷似西妇。其细腻真实的表演，好评如潮。日本评论家土肥春曙评价春柳社的这次演出，已远远超过日本新派剧名流的表演。

《黑奴吁天录》演出后的巨大反响，引起了清朝驻日使馆的注意。驻日领事觉察出剧中流露的呼唤民主自由的呼声，故下令"以后凡参加此类活动演出者，一律取消留学费用"。春柳社成员大部分为清朝官派留学生，他们不愿意因此放弃学业，只好委曲求全，终止演出。

此后春柳社陆续演出《相生怜》和《新蝴蝶》。李叔同均参加演出，扮演的还是女角。此后观众对李叔同说了些不满意的话，加上社中有些人与他意见不合，他演戏的兴致便渐渐地淡下去，再也不愿登台了。

04

纸窗吹破
夜来风

走出失业的困局

在日本留学期间，李叔同与福基因画结缘。一九一一年，李叔同从东京美术学校毕业，携日籍夫人福基自东京乘船抵达上海。在海伦路泰安里租赁寓所安置福基住下后，李叔同独自返回天津与亲人团聚。

重返天津后，李叔同做的第一件事就是把曾住过的"意园"与洋书房精心布置一番。园内添置了竹盆、石榴树、水石盆景等。他在洋书房内添置了钢琴、中式家具，于四周墙壁悬挂旅日所绘油画，由福基做模特的裸体油画被挂在最显眼的位置。

这次回津，除了见到赵元礼、严修这些津门师友外，李叔同还在"意园"接待"天涯五友"之一的袁希濂。袁希濂也曾到日本留学，回国后在天津司法部门任职。两人回忆起"天涯五友"的聚散离合，不禁唏嘘感慨。许幻园仕途不顺，还需父母接济度日。蔡小香忙于悬壶济世少有联系。张小楼去了扬州杳无音讯。回顾五人近十年的交往，真是物

天涯五友图

是人非，不堪回首。

　　不久，津门旧友周啸麟登门拜访。交谈之中，周啸麟得知李叔同有意倡导工艺美术，而且具有独到见解：自汉唐以来，流派显著，图画原理清晰。只是秩序杂乱，教授缺少好方法，浅学之人，没有好方法深造。再加上其涉及的范围，拘泥于惯例，新的道理和高深的方法，都不特别留意，说起来叫人伤心。我航海到日本，转眼几个月，耳闻眼见，有很多不同的想法。

比如图画，作为一件事物来说很简单，它的形状也很明确。全人类最复杂的思想感情，可以一看就知道。晚近时期，像书籍、报章等，没有不增添上图画，弥补文字语言之不足的。它能达到的效力，一般就是这样。这是图画的效力关系到智育的部分。如果阐发审美对于情操的作用，图画有最大的伟力。善于画图画的人其嗜好一定高尚，其品性一定高洁。凡是卑污丑陋的欲望，无不加以扫除和淘汰，所以把图画利用在宗教、教育、道德上，效果特别显著，这是图画的效力关系到德育的部分。又比如到户外写生，在郊野旅行，呼吸新鲜空气，饱览山水美景，运动肢体，放松精神，手眼并用，怎么想就怎么做，心旷神怡，这是图画的效力关系到体育的部分……

周啸麟说直隶高等工业学堂急缺一位实用图画教员，于是李叔同应邀入校担任教员。次年一月，清廷退出历史舞台，长达两千多年的君主专制制度被废除。随之而来的是军阀割据的民国乱世。

两个坏消息像一瓢从天而降的冷水，将李叔同浇成落汤鸡。第一个坏消息，由清廷奏准创办的直隶高等工业学堂宣布停办，李叔同的第一份工作丢了。第二个坏消息，天津各大钱庄利用国体变更竞相宣告破产，用以侵吞客户存银。李家百万资产经过两次"倒票"化为乌有，李叔同成了落魄子弟。

李叔同日本留学期间自画像

李叔同画作

　　突如其来的变故，让李叔同手足无措，然而除了接受之外，没有更好的办法。眼前最迫切需要解决的是家人的生计问题。一方是天津的妻儿，一方是上海的日籍夫人。这对于李叔同这种养尊处优的富家公子来说真的很难。虽然与李文熙是同父异母的兄弟，但毕竟还有嫡庶之间微妙的隔阂。如今生母也已经去世，李叔同觉得天津这个家没有待下去的必要了。

　　就在李叔同举步维艰之际，他收到上海挚友杨白民寄来的邀请信，诚邀他任教城东女学。李叔同的很多朋友都在上海，在这里有份工作可养家，还能摆脱待业的苦闷，最主要的是可以与日籍夫人团聚。于是，李叔同重返上海任教城东女学。

　　一九一二年春节临近，李叔同准备离开天津。临行之时，他在洋书房与夫人俞氏告别。俞氏盯着墙上挂着的福基的画像苦涩地笑了。画上的人很美，却显得不真实。

李叔同画作

61

风口浪尖广告人

北伐军军长姚雨平利用手中的部分军饷创办了《太平洋报》。《太平洋报》由姚雨平任社长，朱少屏任经理，叶楚伧任总编，柳亚子任文艺主笔。一套领导班子就这样组建完成，却面临一个不容忽视的问题——广告，报纸生存要靠广告费来维持，请到一位广告人才极为迫切。

朱少屏向董事会推荐了李叔同。朱少屏说，斯人不出，奈苍生何，有了他鼎力相助，定能解决此难题。当时的李叔同还在城东女

李叔同广告作品

学任教，除朱少屏外，与其他人都不认识。但他的大名却如雷贯耳，上海滩声名卓著的才子、东京美术学校毕业的高才生、美术界的旗帜、音乐界的精英……人选当场定了下来，由朱少屏出面办理此事。

老友诚恳邀请，李叔同爽快应允，在《太平洋报》副刊《太平洋文艺》担任编辑，同时负责报纸的广告设计和文案。李叔同先从栏目设置着手，分设文艺批评、文艺消息、文艺百话等栏目，分别刊载文艺论述、诗词、散文、杂感、文艺界动态等。因报社同人多为南社成员，《太平洋文艺》成为南社社员发表诗文的阵地。

李叔同编过《书画公会报》《音乐小杂志》，编报编

李叔同广告作品

李叔同加入南社的证书

刊对他来说已是轻车熟路。而这次工作经历最为出彩的却是广告，李叔同为此进行了精心准备和大胆创新。他大量查阅国外关于广告的资料，熟悉广告的分类、使用、特征等理论。接着又查阅上海乃至全国报纸的广告，对比之后分析问题和不足，并想出完善提高的新方案。

首先是排版方面的改进。民国报纸的广告排列方式为单独排成一版，和整个报纸主要版面脱节。也就是说，广告不插入内文，而是孤立存在的。读者看报，一般都是看新闻、副刊，广告则一带而过，甚至弃如敝屣。对此，李叔同在每一版中插入广告，数量不等，但不会影响读者阅读。广告的位置显著、版面大，收费则高，反之则低。这其实是一种"强制阅读"，读新闻必然要看广告，广告的目的也就达到了。

旧式广告全是文字，且信息量大，密密麻麻，让人读之生厌。李叔同的策略是，简明扼要地呈现信息。文字力求凝练，能三五句说明白的就不用八九句。读者能几秒记住的广告，即为好广告。此外，李叔同还为广告配图，图

《太平洋报》刊载李叔同撰文的广告

文并茂，增强视觉效果，减少阅读文字的疲劳感。

旧式广告形式单一，都是硬广告。为此李叔同进行了小说式广告、新闻式广告、电报式广告、杂志式广告等形式上的尝试，取得不俗效果。旧式广告一成不变，无论刊登多久，还是那套广告语，还是那种形式，广告效力早已丧失。李叔同征求商家意见，专门制订出一套形式多样的"菜单"。广告根据客户需求变化，客户需要图文并茂就配图，客户认为前一种广告没有达到预期效果，可以要求更换其他形式。如果客户喜欢，每天变化一种广告形式也可以。

经过几个月的精心筹划，李叔同以《〈太平洋报〉破天荒最新式之广告》的通栏大标题，在《太平洋报》创刊号第一版的下方全文连续三天刊出。以此向社会各界宣布，此举为上海四十年来所未见，中国开辟以来四千余年所未见。

广告语极具煽动性，这也符合李叔同与时俱进、大胆创新的精神气质。广告登出后，立即轰动了上海报界，全国各地的企业纷纷前来洽谈广告业务。创刊当天，接到广告订单上百件，第一炮打响了。

李叔同的心血全部投入在《太平洋报》的广告版上，这个版块被分割成若干方块，每个方块大小不一。整版竖看，拼接起来是对称的。横过来看，拼接起来也是对称的。有的是通栏，有的是在不起眼的角落。有的图在文字之中，有的

李叔同编辑《太平洋报》画报副刊时创作的漫画广告

文字在图案之中。网状图案、条形花边、碑体大字、蝇头小楷，一应俱全，美不胜收。读者感到奇怪，这样图文并茂的广告是如何做出来的？常有电话、信件询问，甚至有人专程前来讨教。

李叔同先是设计出每幅广告画原稿，然后反刻在一块版上，待各种版块做成后，按大小比例均衡排列在一起，置入版框中，就这样完成了一版精美的广告。四个月来，李叔同加班熬夜制作广告配以文字，都是亲力亲为，但因身体受到极大损伤，逐步以书法代替画图。李叔同掀起的美术广告热潮，引发各报竞相模仿他的创意改进广告形式，他一时成为行业内的标杆。

苏曼殊与经亨颐

除广告之外，李叔同另外一项工作是编辑。他编发过苏曼殊的小说《断鸿零雁记》，配以陈师曾专门绘制的插图。《断鸿零雁记》根据苏曼殊的真实经历写成，是一部自传体小说，讲述了一个孤儿漂泊流浪到海外寻母的故事。作品写得凄楚动人，心理描写亦极为细腻。

苏曼殊的父亲是茶商，母亲是日本人，是父亲第四房妻河合仙氏的妹妹，名叫若子。母亲生下苏曼殊三个月后就离开了他，苏曼殊由父亲带回国，交由河合仙氏抚养。

单亲家庭的阴影伴随着苏曼殊一生。十五岁时，苏曼殊随表兄去日本横滨求学，顺便寻找生母。期间与日本姑娘菊子一见钟情，他们的恋情遭到苏家的强烈反对。菊子投海而死，苏曼殊万念俱灰。回国后，苏曼殊到蒲涧寺出家。这些真实的经历，被苏曼殊写到小说里。

苏曼殊创作的小说还有《绛纱记》《焚剑记》《碎簪记》《非梦记》，另有《天涯红泪记》仅写成两章。这些作品都以爱情为题材，展示了男女主人公的爱情追求与社会阻挠间的矛盾冲突，作品多以悲剧结尾，有浓重的感伤色彩，对后来的"鸳鸯蝴蝶派"产生了重要影响。此外，苏曼殊还翻译过《拜伦诗选》和《悲惨世界》。

经李叔同大力推荐，《断鸿零雁记》被文坛关注，苏曼殊也因此成为名副其实的文学家。有人臆断，李叔同曾润色加工过《断鸿零雁记》，但《太平洋报》主笔柳亚子对此否认，称苏曼殊这部小说李叔同并没有"润色加工"，充其量不过是小说见报前的编辑行为罢了。

一九一二年夏，李叔同在住所接待了杭州浙江省立两级师范学校（后更名为浙江省立第一师范学校，简称浙一师）教务长经亨颐。有过日本留学经历的经亨颐认为，学校不是贩卖知识的商店，人为什么进入学校接受教育？是为了学做人。所以，教育当以陶冶人格为主，学生应该德、智、体、美全面发展。在教法上，他提倡自动、自由、自治、自律，提出训育之第一要义，须将教师本位之原状，改为学生本位。他专门成立学生自治机构，要求教师必须有高尚之品性，反对那些因循敷衍、全无理想，以教育为生计之方便，以学校为栖身之传舍的庸碌之辈。此外，他还力主活跃学术空气，丰富课余生活，注意多方面培养和陶冶学生人格。

经亨颐所倡导的先进教学理念，很多来自日本留学期间的经验感受。如此，同样从日本教育获益的李叔同自然赞同。经亨颐对李叔同坦诚直言，他立志毕生献给教育事业，想邀请志趣相投者共创未来，并问李叔同愿不愿意接受邀请到学校执教。经亨颐特意提到，他现在虽是教务长，但很快就会升为校长主持校务，说过的话还是算数的，这点请李叔同不必多虑。下半学期，学校将开设图画手工专修科，拟招三十余名学生。企盼李叔同去开荒辟野，传授西洋艺术。

经亨颐新开设的图画手工科与李叔同留学专业相关，如果到该校执教，所学知识就有了用武之地。何况风景如画、空气温润的杭州，又是李叔同极为喜欢的城市。加之，李叔同的祖籍在浙江平湖。诸多因素相加，让李叔同欣然接受了经亨颐的邀请。

《断鸿零雁记》书影

李叔同常用印"息霜"，经亨颐刻

05

吾人心志
宜坚强

写生课的花絮

一九一二年秋，李叔同安顿好日籍夫人的生活，起身赶赴杭州浙江省立两级师范学校任教，担任图画老师和音乐老师。

第一堂课铃声响起，李叔同推门而入，一副为人师表的形象。灰色粗布袍，黑色马褂，布底鞋子，黑色铜边眼镜，整体上朴素大方。他高且瘦，宽阔的前额、细长的眼、垂直的鼻子、厚而大的嘴唇，给人以温而厉的印象。李叔同的面前放着花名册、讲义、粉笔、金表。大家瞪着眼睛，凝视着讲台上新来的李先生。

学生们对这位先生早有耳闻，出身富贵之家，成名于上海，是《祖国歌》的作者，留学东瀛……一系列的头衔，让学生们对眼前的先

李叔同书法作品

生充满好奇。他们想看看，李先生到底有多大的本事。

开始点名了。李叔同没翻花名册，就能准确地叫出几位同学的名字，让学生们好生惊奇。原来李叔同在点名之前，早已对照学生的座位翻阅花名册，将名字熟记于心。

李叔同所教课程属于新增设的课程，也并非国文那样的主要课程，因此学生们并不重视。然而李叔同却不这样认为，他相信，通过一段时间的学习，学生们会改变这种看法。当时校方规定，早晨到了课堂，直到晚上九点才能回宿舍就寝。中间休息时间，李叔同要求学生们练习画画，他牺牲个人的时间，进行现场辅导。

新落成的图画教室配备天窗和画架。学生们手拿木炭画笔，凝视面前的石膏模型，一边沉思，一边挥笔。李叔同则背着手，穿梭于学生中间，不时纠正着学生的姿势，观察他们的进度。必要的时候就亲自示范，轻轻地说"这样画就好嘛"。

户外写生课分为集体写生与个体写生。集体写生就是让学生们乘坐校方提供的木船，到西湖速写湖光山色。通过现场教学，强化写生训练。学生既可以亲近自然，呼吸自由空气，还可以现场教学，效果很好。个体写生就是学生在假日各自到野外择地进行写生。由于民国时期国内尚无写生先例，社会上也不明白写生为何物，学生李鸿梁第一次写生就遇到了麻烦。

李鸿梁和张联辉到运河边写生，一名警察见他们搭起三脚架来画画，便起了疑心，以为是私下测绘地图的，便上前盘问道："你们是哪里的？"

张联辉以为问籍贯，答道："东阳。"

警察听是"东洋"人，如临大敌，便要带他们去警察局。李鸿梁赶紧解释，是东阳人，不是"东洋人"。然而警察仍不放过，幸好过来一位路人，听完两人的解释后，帮着他们说服了警察。

另外一次，李鸿梁独自一人到苏州写生，刚下火车便被警察拦住，要检查行李，警察见他背的画架很是古怪。又从他的包裹中发现几支从未见过的牙膏状的东西，挤了一点，发现是一种油腻腻、软乎乎且带颜色的膏状物，更加怀疑，便将这支油画颜料全部挤了出来。为了查明真相，警察接下来还要挤其他的颜料。李鸿梁大怒，闹到站长室说明情况，剩下的几支颜料才幸免于难。

开创人体写生先河

经过一年多的练习，学生们的绘画基础打得牢固了，李叔同决定进行人体写生课，让学生们现场绘画。写生之前，李叔同担心引起误会，特地做了铺垫。

李叔同："通过前一阶段的学习，你们已有了面对实物进行素描写生的初步技能，但这还远远不够。写生人物形象，是绘画内容中的基本部分，也是绘画艺术的基本技能，我们必须学会如何画人物。当然，临摹人物画也是一种途径，但和其他临摹方法一样，并不是根本的途径。为了掌握人物画的基本画法，从现在起，我们开始人物写生。"

学生："何为人物写生？"

李叔同："所谓人物写生，就是对着真人写生作画。希望大家提前做好心理准备。"

见学生露出疑惑，李叔同补充道："人体写生就是裸体写生，现场有真人裸体站立当模特……"

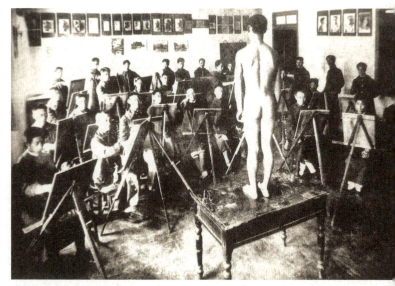

李叔同采用裸体模特进行美术教学

学生："裸体写生？倒是在报纸上看过，国外美术学院开设了这门课，没想到浙一师也要搞，到底是不是真的？"

人体写生课如期举行，学生们带着好奇心早早进入画室。教室的窗子都用窗帘遮住，显得略微幽暗。少顷，李叔同进入画室，把门插好。

李叔同走上讲台，环视大家后说："我现在郑重地告诉诸位，为了正规、科学地学习绘画基本功，更准确地掌握人体结构，今天我们在这个教室里进行裸体写生教学！这在我们中国是破天荒的第一遭，所以刚才我要级长点一下名，免得哪位同学缺席了。我们不能为某一位缺席的同学，单独补这种功课。大家都来了，这就很好，这就很好。现在请大家稍候一下，我去把模特领来。"

没多久，一位中年男子羞涩地走到大家面前，他身上披着一件被单，肌肉很发达，线条非常优美。男子与李叔同用眼神进行交流后，将被单取下，一丝不挂地展示在众人面前。这对于学生们来说，无疑是一次心理上的挑战，有的学生害羞地低下头，还有的则笑而不语，画室陷入一片死寂。

李叔同打破沉默："同学们，这是难得的机会，你们要好好利用这样的机会，把平时所学充分展示出来。我知道，大家心里藏着各种各样的想法，有诸多不解。但我请大家相信，艺术是有温度的，我们每天面对那些冷冰冰的墙啊树啊石膏啊，画出的作品生气有余但灵魂不足。只有面对鲜活的、散发着温度的模特，才能激活你们敏感的艺术细胞，创作出有血有肉的作品。同学们，下面开始作画。"

学生们消除了心理障碍，勇敢地抬起头，注视着站在课桌上的模特。此时，从洞开的气窗中射进来的阳光，有如新式舞台上的一束追光，正照射在模特的身上，他如一尊雕塑矗立在教室中，给人以力和美的感受。这正是人体写生需要的艺术感觉。学生们获得灵感，立时在画纸上勾勒了起来，画室里传出画笔摩擦纸张"沙沙沙沙"的美妙声音。

李叔同站在进门处一侧，欣慰地看着学生们认真作画的样子。也许他心里在想什么，也许什么都没想，只是静静地欣赏着眼前这幅圣洁无尘的画面。

在李叔同的精心传授下，出现了丰子恺、李鸿梁、吴梦非等天赋极高的好苗子。李叔同精选学生作品多幅，准备送往旧金山万国博览会参展。没想到民国艺术预审者无知，没有意识到美术的价值，送审画作未通过。

李叔同安慰大家："诸位不必气馁，我们的艺术，百年之后总会有人了解。"

学生："百年之后，我们都化为尘土了。"

李叔同："艺术作品在就够了，至于'我们'，别人是否记得并不重要。"

拓展能力的"第二课堂"

李叔同在浙一师执教期间，是其教育理想与艺术实践得以充分实现的时期，他大胆引进新式教学内容和教学方法，用现代的超前的思维方式，开启了学生们对图画、音乐兴趣的大门。然而课堂内的教育也暴露出一些问题，比如一些受过旧式教育洗礼的教学者往往先入为主，主观地用个人经验代替学生体验，并简单粗暴地以个人判断代替学生的判断，最终导致学生丧失自我发展和独立思考的能力，沦为应付考试的工具。此外，受到时间和空间的限制，课堂内的教育并不能最大限度发挥学生灵活运用知识的能力，无法真正意义上开发学生的思维能力和行动能力，并为学生提供艺术实践的机会。

早年接受过西式教育的李叔同对此深有体会，为了使学生们的课业发展平衡，专业能力得到提升，艺术视野得到拓展，李叔同在课堂内的教育基础上开辟"第二课堂"，即课堂外的教育。按照李叔同对教育的理解，课堂外的教育才是学生真正实践课堂知识的最好舞台，让学生亲身体验远比在课堂上讲授更有价值。

因此，创办学生社团成为当务之急。一九一四年，李叔同与同人创办乐石社，这是一个由该校师生组成的课余篆刻活动文艺团体。社名取"吉金乐石"之义，故名乐石社。创办乐石社之前，李叔同已经是闻名全国的艺术家，他参与过的艺术社团相关的活动及创办刊物，按照时间顺序依次有：一九〇〇年与张小楼、吴梼、许幻园创办的"海上书画公会"，一九〇六年创办《音乐小杂志》及春柳社，一九一三年创办校刊《白阳》等。

《白阳》创刊号封面

李叔同加入西泠印社时所作《哀公传》

乐石社最早的组织架构为：主任李叔同，总揽社务并主持选政。会计杨凤鸣，书记邱志贞，庶务杜振瀛、戚纯文、陈兼善、翁镕生。后期还有来自西泠印社及南社加盟的社员柳亚子、胡宗成、费龙丁、周承德等，共计二十七人。乐石社有《乐石社简章》十二条：其中第五条涉及刊物，"每月由主任选社友之佳制汇为一编，名《乐石集》"。第八条涉及会集，"每月会集一次，研究治印方法及其他关于印学之参考"。

乐石社成为李叔同进行艺术教学实践的平台，也迅速成为浙一师艺术思潮及作品展示的前沿阵地。在李叔同的倡导下，乐石社通过创办刊物和艺术交流两种方式，在短时间内营造出开放自由的氛围，学生们利用课余时间切磋艺术技能，真正做到让课堂外的教育落地，拉近了学生与艺术之间的关系，也提升了学生对学校的归属感。

乐石社通过创办刊物《乐石集》，鼓励学生大胆表达艺术观点，主动分享创作成果。虽然彼时校园创办的刊物相对小众，读者相对固定，然而刊物可以第一时间收到读者的反馈意见，便于形成艺术上的讨论。这对于年轻的学生来说，充满了新鲜感和参与感。作为一份师生自主创办的刊物，除去校方的主导之外，诸如选材、排版、装帧、印刷，基本上都是学生社员亲力亲为。在《乐石集》编刊过程中，担任主编的李叔同负责选稿、统筹等工作。学生们在负责供稿的同时，还要轮流负责当期刊物封面题签，担负会计、庶务之责。李叔同借此对每一位学生的艺术状态和做事能力有了全面了解，便于进行有针对性的指导，使其成为综合性的人才。

李叔同还利用自己的资源，将学生带到课堂外进行艺术交流与实践。他与同城的西泠印社建立合作关系，使其成为乐石社成员的课外"实习基地"。在西泠印社的邀请下，李叔同率乐石社成员到西泠印社参观金石书画展览，并通过艺术联谊活动促成学生们得到金石篆刻名家的艺术指导。在李叔同的主持和推动下，乐石社在校园内多次举办雅集活动，师生之间互相切磋、交流印艺、推选佳制、汇编印集。西泠印社的名家们也会莅临指导学生们的篆刻技艺，让学生们的艺术造诣得到快速提升。为了扩大乐石社的影响力，李叔同将《乐石集》等九册作品集寄给曾经就读的日本东京美术学校，并专门附信道，"如能供同学参考，不胜荣幸……"由此可见，李叔同非常看重艺术交流所带来的思想上的碰撞，他希望得到对方的反馈意见，并将一些有效的信息传达给自己的学生，提醒他们如何理性地看待自己的艺术作品。

李叔同赠予东京美术学校《乐石集》书影

　　乐石社的创办既是李叔同所倡导的课堂外教育的产物，也是他接受现代西式教育"反哺"中国教育的成果。李叔同自己是一位多才多艺的艺术家，他也要求学生在求学期间尽量多掌握几项艺术技能，就算将来没有从事艺术职业，至少还可以通过艺术陶冶情操，修身养性。李叔同的教学方式不仅具有超前意识，还讲究策略和方法。他的教育是关于美术、篆刻、音乐的艺术教育，是具有艺术启迪的美的教育，更是"温而厉"的"爸爸般的教育"。

《送别》送给谁

浙一师规定图画和手工专业的学生要会唱歌，为此学生们请求校方增设音乐课，并希望李叔同授课。

上课前，李叔同给学生发了一张问卷，调查他们学过几年音乐，想学到什么样的程度，对音乐如何理解等。他想根据这些问卷，制定切实可行的教学计划，以达到预期的效果。李叔同还是从打基础做起，首先为学生传授乐理。他编写讲义，提倡五线谱教学，委托校方购买手风琴三十多架，置于礼堂四周走廊。然后编选练习曲，课余增设琴课。每次上课，十多名学生分组观看，李叔同用钢琴示范，讲解指法要领。学生弹奏如有不合格者，不批评，只说"蛮好蛮好，明天再弹一遍才能通过"。

当时的学校没有专业的音乐教材，李叔同自编"学堂乐歌"，给学生们当作教材。李叔同编的乐歌都是自己选曲填词或作词作曲。由于曲调优美，歌词意境深远，画面感强，深受学生喜爱。《送别》《春游》《忆儿时》《早秋》

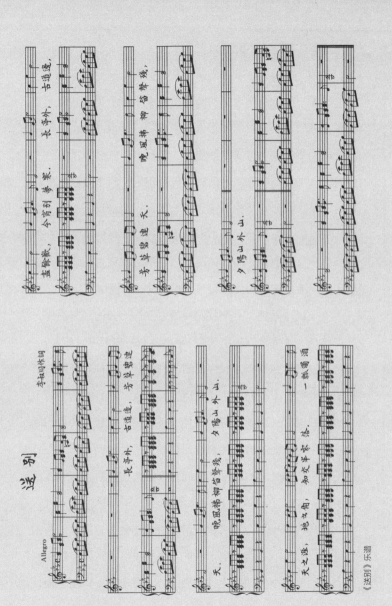

送别

《送别》乐谱

《西湖》等就是这一时期的音乐作品。

其中，《送别》歌词清新淡雅、意象幽远、情意真挚、凄美柔婉，此歌曲调取自约翰·奥特威作曲的美国歌曲《梦见家和母亲》。李叔同在日本留学期间，日本词作家犬童球溪采用《梦见家和母亲》的旋律，填写了一首名为《旅愁》的歌词。《旅愁》在当时的日本流传很广，给李叔同留下深刻的印象。李叔同所作的《送别》歌词，便受到《旅愁》歌词的启发。李叔同版《送别》删去了原曲中每四小节出现的切分音，显得简洁干净，朗朗上口。加之填词古韵悠长、意境优美，为这首歌的传播起到了画龙点睛的作用。

有人说《送别》是李叔同写给好友许幻园的别离之作，这仅仅是一种猜想。许幻园确实是李叔同初到上海时的好友，当时李叔同住在许家，和许幻园及其妻子宋梦仙相处融洽。母亲去世后，李叔同的生活态度变得消极，到日本留学调节心情。归国后又回到上海，在《太平洋报》工作，和许幻园随时都可以见面。后来他到杭州执教，每月都要返回上海，想见许幻园也是轻而易举，因此没有必要写一首《送别》给老朋友。

这样的词也不会写给津门诸友，更不会写给俞氏。写给二哥？——兄弟之间不至于永世不再相见。《送别》字里行间表现的都是李叔同对尘世的决绝。今宵一别，山水遥遥，见与不见，最好不见。统观李叔同的亲友，似乎没有一个人是词中的主人公。

笔者猜测是写给日本夫人福基的。理由有二：第一，李叔同在日本留学期间听到过《旅愁》，归国后写了《送别》。《送别》对于李叔同和福基具有纪念意义，是二人情感的见证。第二，李叔同在杭州出家，福基劝其还俗未果返回日本，夫妻间再无联系。这也是李叔同提前五年就预料到的场景。因此《送别》是李叔同提前写给爱人的离别信。

资助刘质平完成学业

一年冬天，学生刘质平拿着音乐处女作请李叔同指正。李叔同看完后对他说："今晚八点三十五分，请赴音乐教室，有话讲。"刘质平感到困惑，但并没有多问，只等着晚上一探究竟。

杭州的冬天，少见的大雪被风卷起，把校园刷成白色。刘质平踏着夜色如约来到音乐教室，在门外站着，等李叔同到来。大约过了十多分钟，教室里的灯忽然亮了，门"吱呀"一声打开。李叔同淡淡地说："你准时赶到，饱尝了风雪的寒冷，现在可以回去了。"

刘质平沉默良久，忽然明白，先生在考验自己。

李叔同时间观念很强，厌恶不守时之人。刘质平的态度打动了李叔同，至此师生结下一生的情谊。李叔同每周为刘质平额外补习乐理、钢琴一小时，并介绍刘质平跟随旅杭美籍钢琴家鲍乃德夫人学习钢琴。

刘质平毕业后考入日本东京音乐学校，

刘质平

专修钢琴、音乐理论。然而入学不久，因家境贫寒无力支付学费陷入窘境，故写信向李叔同诉苦，称辜负恩师，没脸回国，现在想到的唯一路径，除了死之外，好像别无选择。

李叔同不忍心学生荒废学业，毅然解囊相助。提议按月从薪金中拨出二十元寄交，维持至刘质平毕业为止，并给刘质平立下规矩：一、此款系以我辈之交谊，赠君用之，并非借贷与君，因不佞向不喜与人通借贷也。故此款君受之，将来不必偿还。二、赠款事只有吾二人知，不可与第三人谈及。君之家族、门先生等皆不可谈及，家族如追问，可云有人如此而已，万不可提出姓名。三、赠款期限，以君之家族不给学费时起，至毕业时止。但如有前述之变故，则不能赠款（如减薪水太多，则赠款亦须减少）。四、君须听从不佞之意见，不可违背。不佞并无他意，但愿君按部就班用功，无太过不及。注意卫生，俾可学成有获，不致半途中止也……

李叔同写信告诉刘质平，自己的收入情况和打算：不佞每月收入薪水百零五元。出款：上海家用四十元，年节另加。天津家用二十五元。自己食物十元，自己零用五元，自己应酬费买物添衣费五元。如此正确计算，严守之数，不再多费，每月可余二十元，此二十元即可以作君学费用。将来不佞之薪水，大约有减无增，但再减去五元，仍无大妨碍，自己用之款内，可以再加节省，如再多减，则觉困难矣。又不佞家无恒产，专持薪水养家，如犯大病不能任职，或由学校辞职或因时局不能发薪水，倘有此种变故，即无法可设也。

李叔同每月一百零五元薪水，要同时兼顾两个家庭，分摊下来就没剩多少了。加之他的肺病越来越严重，需买药治疗，钱更所剩无几。就是在这种情况下，李叔同还是每月拿出二十元资助刘质平，将自己的生活成本降到最低。为此，李叔同到南京高师兼职，往返于南京和杭州，路途劳顿，疲于奔波。

此时的李叔同已经在为出家做准备，然而为了让刘质平安心求学，不得不找朋友借钱。他在给刘质平的信中写道："君所需至毕业为止之学费，约日金千余元，顷已设法借华金千元，以供此费。余虽修道念切，然决不忍置君事于度外，此款倘可借到，余再入山。如不能借到，余仍就职至君毕业时止。君以后可以安心求学，勿再过虑，至要至要。"

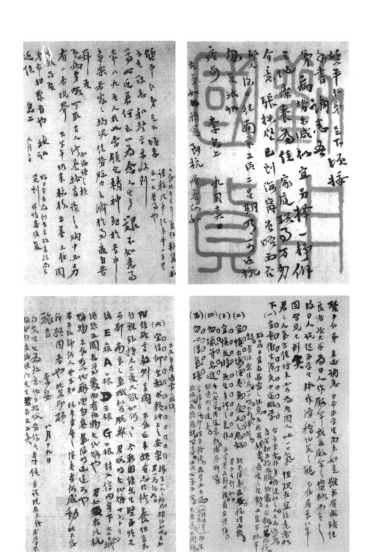

李叔同写给刘质平的书信

为丰子恺鸣不平

对于弹琴，丰子恺最害怕的是李先生在这节课检查上节课的内容，每每紧张得不成样子，手指不听使唤。

李叔同站在旁边纠正："手指用错了，再来一遍！"

又说："键盘按错了，再来一遍！"

又说："你回去吧，下次我还会检查。"

丰子恺闻之惴惴，担心自己天赋不够，被先生抛弃。晚上，刘质平对丰子恺说："李先生跟我谈起了你。他说，'丰子恺同学的学习态度十分认真，这对做事业是头等重要的。他的图画课成绩很不错，而你的音乐成绩比他好，你们今后是否可以交往，取长补短，共同提高呢？今天早晨他来还琴，尽管没有通过，不过这是由于初次还琴，过分紧张罢了。我倒很愿意收下他呢……'"听罢，丰子恺如释重负，对李叔同有了更深刻的了解。

李叔同教学生图画，先教木炭石膏模型写生。多数同学看着黑板临摹，只有丰子恺

丰子恺

和少数几位同学，按照李叔同的方法，直接从石膏模型写生。李叔同注意到丰子恺的绘画天赋，开始关注他。

后来丰子恺被任命为班长，常到李叔同的住所报告请示工作。有一次李叔同对丰子恺说："你的图画进步很快，我在南京和杭州两处授课，没见过像你这样进步快速的学生，你以后可以把图画当成毕生的职业。"

当时的浙一师实行军事化管理，校规非常严格。教务主任对学生态度粗暴，丰子恺感到极不适应，对校方及监管的舍监抱怨不断。

丰子恺对家人抱怨，寄宿生活给他的印象，犹如把数百只猴子关闭在一个大笼子中，使之一起饮食、一起起卧。小猴子们怎不闹出种种可笑的把戏来呢？当身处其中，只觉得可悲与可怕。数百学生，每晚像羊群一般地被驱逐到楼上的寝室内，强迫他们同时睡觉。每晨又强迫他们同时起身，一齐驱逐到楼下的自修室中。月明之夜，倘在校庭多流连了一会儿，至少须得暗中摸索就寝。甚或蒙舍监的谴责，被视为学校中的违法行为。

一次教务主任激怒了丰子恺，丰子恺年轻气盛，动手打了教务主任。教务主任向校长告状，必须开除丰子恺学籍。

李叔同为丰子恺仗义执言："学生打先生，是学生不好，但先生也有责任——没教育好。考虑到丰子恺平日遵守校纪无大错，如开除似太重。而且丰子恺是个人才，将来必大有前途，如开除则毁了他的前途，对国家是一损失。我意此番记一大过，我带他一道向主任赔礼道歉，不知大家是否同意？"

李叔同话毕，会场上一片同意声。事后，李叔同将丰子恺叫到住所，打开《人谱》念了一段：唐初，王勃、杨炯、卢照邻、骆宾王皆以文章有盛名。人皆期许其贵显。裴行俭说，读书人堪当重任，应当首先在于度量见识而后才是才艺。王勃等虽有文才，而气质浮躁浅露，哪里是享受爵位俸禄的材料。

李叔同又说："《人谱》中的这一条，是从《唐书·裴行俭传》中节录出来的。我想告诉你们，从事艺术工作，

李叔同与弟子刘质平和丰子恺的合影

首先要道德高尚，人格伟大。做一名好的艺术家，要先做好人，否则只是徒有虚名罢了。"

丰子恺认为，自己与先生有很多地方都很相似，童年丧父，倾心艺术，轻视纷争，不满虚伪贪婪、复杂世故的社会。内心保留着率真的本色，对人抱有温和与善意，无视他人的诽谤，活出真实的自我。

帮李鸿梁找工作

　　李鸿梁生性憨直，天真烂漫。李叔同常对人讲，鸿梁最像我。一次上写生课，李鸿梁没注意到李叔同正在后面为同学改画。他走到石膏模型前，看上面的说明卡，挡住了李叔同的视线。李叔同大声说："请走开！"这伤害了李鸿梁的自尊心，他回到座位上，把画板故意敲得很响以示不满，然后走出画室。

　　午饭过后，李叔同差人将李鸿梁喊了过去。李鸿梁心说不好，以为先生小心眼儿，因为上午的事，要找自己算账。见李鸿梁进来，李叔同低声问："你上午有点不舒服吗？

李鸿梁

下次不舒服请假好了。"

说完，他把门拉开又说："你去吧，没别的事了。"

李鸿梁常对人说，你说先生严厉吧，他倒是挺客气的。说他客气吧，有时候却不大好讲话。虽然他面目慈祥，但总给人不怒自威的感觉。不单是我们学生，就连同事都对他充满敬畏。

李鸿梁毕业后面临职业选择，李叔同深知这位学生的性格特点，临行前给李鸿梁写信，告诫他处事不要一根筋，要懂得变通。信中附带八个字：拔剑砍地，投石冲天。意思则是相反，提醒李鸿梁遇事三思而后行，砍地是无用的，投石只能砸自己。言外之意是：木秀于林，风必摧之。锋芒毕露的人，很容易遭到他人非议和敌视。要学会保护自己，做到韬光养晦。

从日本回国前，李叔同在电报中告诉李鸿梁，推荐他到南京高师代课。李鸿梁刚毕业，毫无教学经验，加之又要到外地工作，一时拿不定主意。李叔同回国后，发现李鸿梁兴致不高，就对其进行心理辅导，并详细介绍了工作地点的情况，做了周到的安排。

李叔同交给李鸿梁一串钥匙，并对他说，教室与职工宿舍离得很远，每天早晨必须把自己的表与钟楼的大钟对准，铃声有时听不清楚。如果有事外出，就叫黄包车回校，一定要和车夫说明拉到教员宿舍，因为校门离教员宿舍还有一段距离。吃饭时要记住，每人两双筷子，两只调羹，如果觉得不方便，可以让厨房把饭单独送到房间。管理房间的工友，必须要多加留意……在李叔同的循循善诱下，李鸿梁终于可以安心工作了。

06

十里明湖
一叶舟

杭州的雨

一九一八年七月，李叔同出家前夕，一场暴雨毫无征兆地降临。大雨淹没了杭州城的大街小巷，浙一师教工宿舍的屋顶传来噼里啪啦的响声。窗台上的一盆红菊在暴风雨中来回摇曳，但脆弱的枝干竟然没有被折断。顺流而下的雨水流

杭州虎跑定慧寺

向地面，很快淹没了地上的绿草，不知是谁扔掉的一个破旧的画夹浸泡在雨水中，看上去有些刺眼。

伴随着电闪雷鸣和倾盆大雨，李叔同气定神闲，点燃油灯，捧起《普贤行愿品》翻阅。读了一个时辰，感到有些疲倦，就把佛经放进床前的抽屉。李叔同推开窗户，望着被雨打湿的树叶在风中轻轻摇晃，心中在思索着什么，他掏出怀表看

了看时间，像是在等什么人。

晚上十点，李叔同等的人都来了，他们是与李叔同比较亲近的三个学生。

丰子恺、叶天底、李增庸来到李叔同的住所，此前李叔同并未向任何人表露过出家的心迹。但他已经在礼佛念佛，并且茹素，这已经显露出家的端倪。

三个学生看到李叔同的床上、桌上杂乱摆放着的音乐、美术等书籍，他们面面相觑，似乎有了某种不好的预感。

丰子恺举起桌上的小香炉，试探性地问："先生每天都在焚香念经？"

李叔同微微点了点头，他在想着如何回答学生接下来的问题。

丰子恺："听说放寒假，先生没有回上海与师母团聚，而是到虎跑寺进行断食实验，确有其事吗？"

心思缜密的丰子恺已经猜出李叔同的心思。李叔同微笑，觉得再也没有必要瞒着他们了。何况今晚请他们来的目的，就是为了交代出家前的事宜。

李叔同断食时所写的《断食日志》

　　在学生面前，李叔同温而厉，学生们非常敬他，但也怕他。在李叔同所有的学生当中，只有刘质平、丰子恺、李鸿梁、吴梦非、叶天底、李增庸几个，敢当着他的面说一些真心话，其他学生则心存畏惧，不敢多言。

　　李叔同点燃一炷香，看着三个学生，沉默不语。

　　三个学生哭了，几年来的师生情，让他们无法接受李叔同出家的事实。但是有些话李叔同必须要对学生们说，因为现在不说，以后恐怕就没机会说了。

李叔同："我明天入山，今夕相处，实在难得，希望你们今后各自珍惜……房间里剩下的这些音乐、美术等什物，全由你们三位和吴梦非、刘质平、李鸿梁等同学处理，可按各自学业挑选。"

丰子恺："先生为何出家？"

李叔同："不为什么。"

丰子恺："您忍心抛弃亲人吗？"

李叔同："人生无常，如暴病而死，不抛又能如何？"

丰子恺没有再问，李叔同也没有再答。

丰子恺蹲在地上哭，李叔同拍着他的肩膀："不必悲伤，出家不过是换了一种方式修行，我们还能再见。"

丰子恺擦干眼泪："我以为先生出家后，就再也不理我们了呢。"

李叔同微笑："杭州是我的第二故乡，我在此城教书，也在此城出家，无论你们将来谁到杭州，我都会欢迎。"

杭州虎跑公园

送别李先生

转天上午九时，雨终于停了。昨夜发生的一幕像是前世的电影，熟悉的场景在隐隐而动。

听说李叔同要到虎跑寺出家，同事夏丏尊一大早就来敲宿舍的门，质问李叔同出家这么大的事，为什么不提前告诉他。李叔同说是故意不告诉他的，以他的性格，提前知道肯定会从中阻挠。然而让李叔同没想到的是，夏丏尊居然找来一把新锁，把他锁在宿舍里。

夏丏尊隔着门怒吼："你放着好好的教师不做，为什么偏要去做和尚？"

李叔同："你若拿我当挚友，就不该阻挠我的求道之路，只有通过佛学这条路，我才能获得真正的心灵自由和人生的快乐。感谢你的成全，感谢你的助缘！"

夏丏尊："你以为你躲进庙里，就能解除烦恼吗，寺庙可不是失意人的避难所。悟道未必就要出家，出家也未必能悟出真理，关键要看你内心是否清净。"

李叔同："我要寻找一处场所深深体会痛苦的真性，待我功德圆满之际，定来与你分享我的成果。"

在浙一师任艺术教师时的李叔同

夏丏尊说不过李叔同，他沉默了许久，终于将锁打开。

"我恨你对朋友的绝情。"夏丏尊扔下那把锁，转身离去。

李叔同知道，夏丏尊只是赌气，一会儿还会回来。

校工闻玉帮李叔同挑着几件简单的行李，他轻声问："先生，我们何时动身？"

李叔同："现在就动身，咱们今天不走正门，走后面的小门。"

闻玉："先生在躲什么？"

李叔同："我不想让很多人知道，况且……他们不懂我的快乐。"

闻玉说："我也不懂。"

李叔同："不懂也有不懂的快乐。人活得越简单，乐趣就越大。身上背负太多，人不会快乐，也不会走得远。你这样就挺好的。"

李叔同与闻玉边走边聊，再有一段距离就来到了偏僻的小门。当李叔同和闻玉走出小门后，看到了很多前来送行的师生。

夏丏尊快步走上来拉着李叔同的手："我猜你一定会走小门，既然我们无缘再做同事，今后做个朋友总可以吧，我来送送你。"

雨后温柔的阳光穿过树叶，照在夏丏尊的脸上，李叔同看见他的眼神流露出淡淡的伤感，这种悲伤的情绪感染了在场的学生。

学生们齐声喊："李先生珍重。"

李叔同挥手告别："同学们珍重。"

学生们泪流满面，再次齐声喊："李先生珍重。"

李叔同转身而去。闻玉、夏丏尊、丰子恺、叶天底、李增庸等人跟在身后。

离虎跑寺还有半里地，李叔同让众人止步。他双手合十："天下没有不散的筵席，诸位到此为止，不必再送。"

丰子恺："李先生这是做什么？"

李叔同："阿弥陀佛，丰居士，世间再无李叔同。"

夏丏尊的助缘

李叔同进入虎跑寺，但还不算严格意义上的出家，后面还需要落发、受戒两个步骤。李叔同出家大约半个月后，夏丏尊第一个到虎跑寺探望他。

两人坐在寺院古树下的石凳上，谁也没有说话，夏丏尊盯着不远处朱红的高墙，忽然问："你真的想好了？"

李叔同："想好了。"

夏丏尊是个爱哭的人，他掏出手绢擦了擦眼泪："出家有什么好的，你为何看上去那么高兴？"

李叔同："我先在这里做个居士，修行一年后再做打算。"

夏丏尊见李叔同身披袈裟，却留着头发和胡须，显得不伦不类，赌气说："你这样做居士，究竟不彻底，索性做了和尚，倒爽快。"

夏丏尊没有想到，他的这句气话，反倒坚定了李叔同出家的决心。

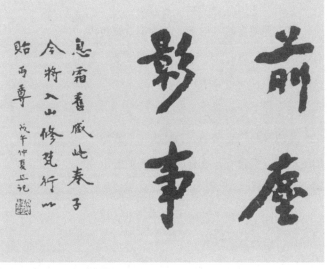

李叔同书"前尘影事"赠夏丏尊

夏丏尊

　　不久李叔同举行了落发仪式。寺内香雾缭绕，僧人并立，沉郁的钟声飘荡在寺院上空。

　　主持剃度的了悟大师步入殿内，端坐在佛像前的位置。引请师将李叔同引领入殿，李叔同双手合十向了悟大师行礼。礼毕，了悟大师为李叔同施行剃度。

　　三千烦恼丝在了悟大师锋利的剃刀下，像黑色的蝴蝶，飘落在地。

　　"阿弥陀佛，释迦牟尼佛！阿弥陀佛，了悟大师！从此我就是真正的出家人了。"李叔同欢喜道。

　　了悟大师颔首微笑："法名演音，号弘一，从现在起，你就是佛门中人了。"

　　两天之后，夏丏尊又到虎跑寺探望李叔同，他看到一个光头僧人正笑嘻嘻地冲他走来。

　　夏丏尊大吃一惊："你何时受的剃度？"

　　李叔同："昨天恰巧是大势至菩萨日，是剃度的好日子。世间已无李叔同，以后叫我弘一吧。"

　　夏丏尊埋怨："不是说暂时做居士修行，不出家的吗？"

出家后的弘一大师

李叔同："我是按照你的意思办的呀！你不是说我不僧不俗地待在这里，倒不如索性做了和尚。我想想，你说的也对，便照着你的意思做了。只是你来晚了，不然还能赶上我的剃度仪式，那真是脱胎换骨。"

夏丏尊指着李叔同，张着嘴想说什么，最终一句话也没有说出来。

李叔同："从今以后，我就是佛门弟子，尽自己所能做些弘法利生的事。我们是多年至交，以后还望得到你的照拂。"

夏丏尊："为何非要出家？"

李叔同："有很多人猜测我出家的原因，而且争议很多。我并不想昭告天下，我为什么出家。我出家是为了教化自己和世人，是追求一种更高、更理想的方式。每个人的故事、原则、兴趣、方式方法，以及对事物的理解，本就永远不相同。我不想过多解释，说了他人也不会理解，所以干脆不说，慢慢他人就会淡忘。"

夏丏尊黯然："我会尽力护法，茹素一年。"

李叔同："阿弥陀佛！感谢老友的护法

之举，十月十日我要去灵隐寺受戒，共计十四天，欢迎你来。"

夏丏尊只是抹泪，不再多言。如李叔同所料，夏丏尊那天并没有来，他托人给李叔同送来了笔墨纸砚，说出家后能用得上。李叔同知道夏丏尊是特别重感情的人，他到现场肯定会哭，李叔同心里也不好受。

不久，夏丏尊告诉李叔同，他的出家在浙一师引发了一场讨论。大部分人认为，李叔同是对现实心灰意冷，所以才出家为僧。只有他的学生丰子恺等一小部分人认为，先生出家是为了追求更高的人生境界。

丰子恺曾经提出"三层楼"的比喻表达自己的观点。他把人的生活境界分作三层：一是物质生活，二是精神生活，三是灵魂生活。"人生"就是这样的一座三层楼。懒得（或无力）走楼梯的，就住在第一层，即把物质生活弄得很好，锦衣玉食、尊荣富贵、孝子贤孙，这样就满足了——这也是一种人生观，抱这样人生观的人在世间占大多数。高兴（或有力）走楼梯的，就爬上二层楼去玩玩，或者久居在这里头——这就是专心学术文艺的人，这样的人在世间也很多，即所谓"知识分子""学者""艺术家"。

还有一种人，"人生欲"很强，脚力大，对二层楼还不满足，就再走楼梯，爬上三层楼去。他们做人很认真，满足了"物质欲"还不够，满足了"精神欲"还不够，必须探求人生的究竟；他们以为财产子孙都是身外之物，学术文艺都是暂时的美景，连自己的身体都是虚幻的存在；他们不肯做本能的奴隶，必须追究灵魂的来源、宇宙的根本，这才能满足他们的"人生欲"。在丰子恺心中，出家后的李叔同，正是站在第三层楼看风景的人。

07

万里空明
人意静

卖字助学

弘一大师的学生吴梦非邀请刘质平、丰子恺等人，在上海成立一所艺术教育学校。他们凭着一腔热情和对发展中国艺术事业的使命感和责任感，自己筹集资金办校。

办学需要有大量资金的投入，几名刚步入社会的青年各自从微薄的积蓄中拿出一部分收入，但还是杯水车薪。弘一大师不忍看到刚刚萌芽的上海专科师范学校就这样垮掉，主动破了"不再为人写字"的戒律，一口气写了三十余件书法作品交给吴梦非。这些作品是弘一大师发誓不再为人写字后，重新动笔而写的墨宝，所以格外珍贵。

吴梦非："让法师破戒，弟子有罪，弟子有罪。"

弘一大师："办教育也是间接的弘法，如果我的这些字能帮你做点什么，那是我的功德。"

吴梦非："法师慈悲，感恩法师，弟子定不会辜负法师的期许。"

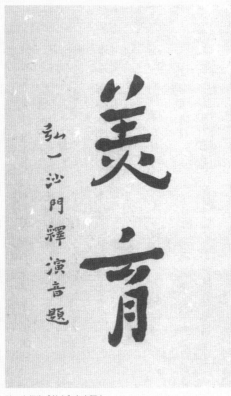

弘一大师为《美育》杂志题字

弘一大师说："我当年到东京留学，归国后到杭州浙江省立两级师范学校任教，你和质平、子恺都是我的学生，我希望你们做一样，像一样，成一样，把教育办起来，为国家培养更多的人才，尤其是艺术类人才。一个国家如果没有一所完备的艺术大学，是让人遗憾的，这也是我当年到日本留学的初衷。你们办学，也是间接地完成我的一个心愿，作为你们的老师，我义不容辞。"

吴梦非："法师放心，我们会把这件事办好。"

之后，吴梦非在《民国日报》刊登《欲得释弘一法师最后墨迹者注意》的公开信："李叔同先生书法海内闻名，顾自出家以后，罕能得其墨迹。去岁，敝校筹募基金，弘一师特破例，书赠琴条三十幅，俾作慷慨捐助者之酬赠。"又说："今敝校除为法师刊印纪念册外，愿将其真迹奉赠捐助敝校基金之善士，倘有愿得弘一师最后墨迹并热心襄助敝校者，自今日始，请惠临敝校面洽可也。"

由于弘一大师的及时捐助，学校获得了大批捐款，得以继续办下去，为国家培养了许多艺术人才，为后来的中国艺术事业打下了良好的基础。如弘一大师所言，这是功德，亦有福报。

与老友谈处世原则

弘一大师在温州庆福寺两年闭关期满，准备到各方游历，弘扬佛法，上海为第一站。弘一大师与老友穆藕初约定在棉纺厂见面。

穆藕初刚因为工厂的人事纠纷愤然辞职，心情极为恶劣。当他听说弘一大师抵沪，立刻放下手中事务前去拜访。时隔多年，穆藕初乍见出家后的弘一大师，竟然有些拘谨，聊了一会儿，才缓解了紧张情绪。穆藕初带着疑问，请教了弘一大师几个问题。

穆藕初："我近来在读东西方文化和哲学的书，见到有些书上对佛教颇有诋毁，断言说，假使佛教大兴，中国之乱更无已时……我仅仅知道佛教是出世的，而我国衰败至此，非全力支持，恐国将不国，所以恕我直言，我不赞成出世的佛教。不知道弘公将何以教之？"

弘一大师："居士之所见，属于自利的小乘一派佛教。出家人并非属于消极一派，其实积极到万分。这，试看菩萨四弘愿就可知道。何为四弘愿？就是众生无边誓愿度；

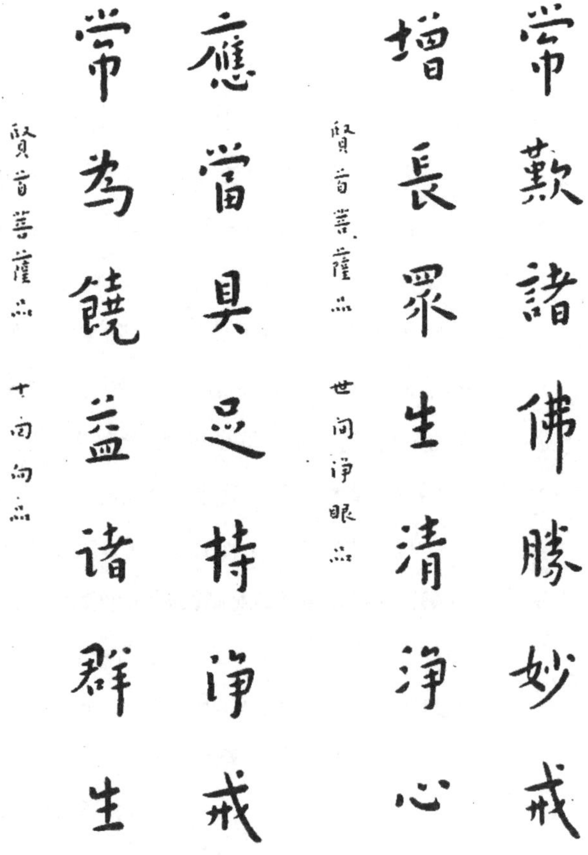

常歎諸佛勝妙戒

增長眾生清淨心

賢首菩薩偈

世間淨眼偈

應當具足持淨戒

賢首菩薩偈

常為饒益諸群生

賢首菩薩偈

十向向偈

弘一大师书法作品

烦恼无尽誓愿断；法门无量誓愿学；佛道无上誓愿成。一切新学菩萨，息息以此自励，念念利济众生。救时要道，此为急务。推行佛化，首在感移人心，以祈慈愿咸修，杀机永息，并非希望人尽出家。出家须有因缘，而出家人亦讲孝悌忠信，亦主张尽力建设，造福苍生。至于某些谈论中西文化的人，以为佛教大兴，中国之乱更无已时云云，实际上论者并未真正知晓佛教之精义，只是在那里徒逞私议，浪造口业而已。口唱邪说，障人道心，罪过非轻，殊堪悯恻……凡现在地位甚高之人，夙生地位亦甚高。万勿被眼前的富贵地位所迷惑，以致堕落。"

穆藕初："出家真的是逃避尘世的唯一归宿吗？"

弘一大师："出家僧众，身份驳杂，动机不一，良莠不齐，虽有怀成佛作祖宏愿者，但亦有如经商失败者、情场失意者、宦海受挫者、犯罪作恶者。一朝出家，进入佛门，往往把寺庙当作避难所，很难做到恪守出家人本务，严于修持。因此，一旦时机成熟，沽名钓誉者有之，赖佛求生者有之，弃佛还俗者有之。既然决定出家，首先要端正出家动机，安于出家人本分。想明白自己为何出家？出家后应做何事？"

穆藕初："我愿意为出家人做一点事。"

弘一大师："资助出版佛学书籍，传播佛法，功德无量。"

经过弘一大师开示，穆藕初对佛教的看法有所转变，资助出版了《护生画集》《四分律比丘戒相表记》等善书。

世间美味罗汉菜

李鸿梁从无锡赶来探望出家的弘一大师，被寺僧阻拦，说大师不见客。经过一番恳求，还是不让进去。脾气急躁的李鸿梁浑劲上来，与寺僧打闹。弘一大师闻讯赶来，向寺僧赔礼道歉。看到弘一大师头发剃光，身着海青，赤脚草鞋，完全是个苦行头陀，李鸿梁哭了。

弘一大师："你以后见我要提前约定日期，不能再像今天这样了。"

李鸿梁含泪点头。见弘一大师衣食清苦，李鸿梁当即要布施钱物，被弘一大师拒绝。

弘一大师："每月只要四五角钱已足，衣服自己洗，除买邮票以外，可以不用钱，一时还不需要。"

临别时，弘一大师为李鸿梁写了"老实念佛"四个字。

两人约定三个月后再见面。日期到了，弘一大师担心李鸿梁被阻拦再发争执，早早就在山门前等候。

见到风尘仆仆的李鸿梁，弘一大师先是

老實念佛

歲次鶉尾大華嚴寺沙門玄會

弘一大师书法作品

微笑，然后低声说："来得很巧，今天寺里吃罗汉菜，很有缘，你在这里吃中饭。"

桌上摆着六碗菜，弘一大师指着桌上两碗同样的菜说："这就是罗汉菜，非常好吃。"

李鸿梁看着碗里："法师说的罗汉菜，我以为是什么稀罕物呢，原来是蚕豆、长扁豆、茄子用白水煮成，加上一点盐的什锦菜。"

弘一大师："这才是人间的美味啊，很好吃的。"

弘一大师见到李鸿梁后胃口大开，吃了三碗饭。临走时，两人路过一片树林，弘一大师捡了一些从树上掉下的野果。

弘一大师："这些果子你带着路上吃，很好吃的，这部日文版的《佛像新集》也送给你。"

李鸿梁："在法师眼中，简单的蔬菜野果也是人间的美味，我觉得心里好难受。"

弘一大师："人要懂得惜福，我们就是普通人，福气薄得很，不能随便浪费任何东西。"

李鸿梁："法师难道没有觉得苦？"

弘一大师："吃粗茶淡饭的人，大多有冰清玉洁的品格。追求锦衣玉食的人，多为奴颜婢膝的人。所以说，淡泊名利者，可显出高尚的志趣，不过，高尚的志趣，也会被锦衣玉食消磨。我现在非常欢喜，我要把这种美妙的感觉分享给你们，心中欢喜的人，吃什么都好。"

李鸿梁："我的性情鲁莽，常常觉得不顺心。"

弘一大师："耳朵里听到不顺心的话，心里装着不顺心的事，唯如此才是修身养性的磨炼方法。如果听到的话都顺耳，遇到的事都称心如意，那就像将自己浸泡在甜蜜的毒药中。"

李鸿梁："法师，我明白了，我可以常来看望您吗？"

弘一大师："当然可以。你们不要觉得我苦，我是在享受余生，无论通过哪种方式，最终还是要快乐。我非常快乐，不必为我担心。"

弘一大师双手合十，静静地站在山门前，看着李鸿梁缓缓走下山，念了一声"阿弥陀佛"。

08

幽鸟不鸣
暮色起

提携寒门书法天才

一九二三年，浙江衢州。弘一大师挂单祥符寺，经常托人到一家小店买豆沙饼。当弘一大师看到包装纸上的店号、饼名写有秀丽的字，心生喜悦，便问店主何人所写。店主说是一个叫毛世根的年轻人，他在第八师范任教，弘一大师给店主留下一张纸条，想见一见这位书法造诣极高的年轻人。对于毛世根来说，弘一大师是书法大师，能被主动约见，深感受宠若惊。所以他非常珍惜与弘一大师相处的时间。

毛世根："听说法师出家后，艺术活动大都放弃，唯对书法一门仍然继续钻研，这是为什么？"

弘一大师："写好一笔一画是整个人格的表现，这与研究佛法有共通之处，都讲究认真和勤奋。写字就是修佛，所以我念经写字，与众生结缘。"

毛世根："法师道德高尚，书法精湛，不知道二者是否有必然的联系。当然也有相

千辰秋九年丙
夏于此草支采之
今将如新城抱闲
来日話、未知何時
再而言送已贻咏
慨东之夫庚申夏
弘一演者記

蓮楼

沙門曇昉

弘一大师书法作品

133

反的例子，有的人品格拙劣，写出的字看上去很好；有的人品格高尚，写出的字却丑陋不堪，这如何解释？"

弘一大师："写字和人的品格、学问修养极有关系。只有写字的技能，而没有学问和人格的修养，字无论写得怎么好也不能传之千古，字写得好坏，在很大程度上取决于其品格的高下。"

毛世根："如何才能写好书法？"

弘一大师："多看，多搜集古人的书法碑帖，比较研究，用心揣摩。多写，临之摹之，熟习到真假不分的程度。写字必须先守法则，但如果过于拘泥法则，结果只是模仿了古人而已。艺术的极致就是要入格而出格，才能自成一家。"

毛世根："为何我称之为书法，法师却称之为写字？"

弘一大师："书是写，法是修持，是悟道，我还没有到达那样的境界，所以我说的是写字。"

这对忘年交交谈了三个小时，弘一大师破例收下毛世根为书法弟子，并给他改名为毛慈根，寓意"慈者德之本福之根"。

弘一大师那天非常高兴，送给毛慈根两样东西，一样是出家前在日本东京美术学校所得奖品"浪釉"插花小瓷瓶；另外一样是出家时剃下的一包头发与胡子，并嘱咐毛慈根："身体发肤，受之父母，不敢毁伤。"

白粥咸菜的自足

一九二五年，弘一大师拜印光法师为师。印光法师是净土宗第十三代祖师。弘一大师与印光法师在法雨寺共同居住了七天，亲身感悟印光法师的日常修行。每天清晨，印光法师只吃一碗白粥。

弘一大师："法师为何不吃咸菜？"

印光法师："我不吃咸菜已经三十年了。"

弘一大师："为什么不吃好的补品？"

印光法师："我福气很薄，不堪消受。"

喝完粥，印光法师将碗里的米粒舔干净。午饭时，印光法师与其他僧人一样，一碗饭，一碗菜。吃完后，将开水倒入碗中，荡涤余汁，待水温度降低后全部喝下。花甲之年的印光法师一人独居，没有侍者帮助，每天都是自己扫地、洗衣服，一切事务都是亲力亲为。印光法师自己这样做，还要求其他僧人也这样做。

每有客人来访，如果剩饭，印光法师不管对方是军政要员还是皈依弟子，或是富有的护法居士，必然不留情面地批评："你有多大福气，可以这样随随便便糟蹋粮食，你必须要把它吃光。"直到客人认识到错误，重新端起碗，将剩菜剩饭吃掉。印光法师才满意地点点头。遇有客人送补品，印光法师全都拒绝接受，并且说自己福气很薄，不堪消受。

通过七天的朝夕相处，弘一大师深受印光法师的影响，以至于言行规范都要模仿印光法师。换句话说，是印光法师以亲身经历教会弘一大师如何做一名合格的僧人。自那以后，弘一大师都是自己安排生活，能不麻烦别人尽量不去麻烦。弘一大师常常自问：一个和尚，不要等别人侍候你，就连佛陀也为他的弟子盛饭、穿针、看护，何况是你呢？

印光法师

与蔡元培的交锋

一九二七年，国民革命军东路军光复杭州，浙江省临时政治会议暂行全省职权，蔡元培担任浙江省代主席。

蔡元培在杭州青年会发表演讲称，国民政府成立，一切宗教均在摧陷廓清之列。庙产本为集体所有，不应该被僧人独占，这违背佛教本身的公益。独自占有，又有什么根据呢？佛法传入中国几千年，不过出了玄奘、道安、寒山、拾得、太虚几位有道高僧而已，盖那么多庙做什么？

蔡元培由此提出整顿僧众的主张：一是提倡佛化教育，以讲明佛法真义，使僧众务必提高佛法的入世精神；二是将少数寺庙改为工场，让僧人一边修佛一边当工人。蔡元培的讲话得到激进派响应。激进派驱逐僧侣，收回寺院，还勒令僧尼结婚。世人闻之震惊，持不同意见者居多，但慑于蔡元培的社会地位，不敢出面质询。

目睹中国佛教这一劫难，弘一大师挺身而

出，给激进派写了一封信，委托前同事堵申甫代约其到寺庙会谈。那日，弘一大师步履缓慢，神态威严。一到客堂，就将预先写好的佛号字幅送给与会来宾，人手一份，不多不少。落座之后，弘一大师自顾数珠念佛，沉默不语。弘一大师清楚他们的疑惑——大家都在"革命"，僧人凭什么不耕不织接受供养？他们只能耗费衣食罢了，对社会还有什么利益呢？

人禍急我受之以寬宏

人險反我待之以坦蕩

處逆境心須用開拓法

處順境心要用收斂法

對失意人莫談得意事

處得意日莫忘失意時

謙美德也過謹者懷詐

默懿行也過默者藏奸

弘一大师书法作品

　　弘一大师想告诉世人：世界上不耕而食的人太多了，难道只有僧人？假使这些人不出家，他们就不吃不穿了吗？就能保证他们的衣食一定出自他们自己耕织吗？何况在俗的人，一身之外，还有妻子、儿女、仆人，所花费的数倍于僧人。难道他们能像僧人那样一瓢一钵，四海为家吗？

　　那些头戴貂狐皮帽，身穿锦绣衣装，口吃山珍海味的人，是不是不劳而获呢？这些人是僧人还是俗人？那些俗家人，为了爱妾的打扮，不惜花费大量珍珠美玉。为了到歌舞游戏场寻欢作乐，动不动就使用玉带金冠，甚至沉迷于赌博，通宵达旦都不休息。或者结交一些狐朋狗友，大吃大喝。这种游手好闲之徒，车载斗量也计算不清。为什么不去减少这些人，反而说僧人不劳而获呢？难道这些丑恶卑鄙之人，就应该锦衣玉食吗？而那些明心见性之人，反而不允许他们粗茶淡饭吗？有这种想法的人，足见他们党同伐异，气量太小。

　　会谈现场，激进派众人不解，既邀座谈，竟不发一言，是何道理？众人低头凝视手中佛号字幅，静默反思，猛然意识到，灭佛驱僧有悖天理。神奇的是，此事竟然很快就平息了。

　　事后，弘一大师以学生名义，给南洋公学旧师蔡元培写信，对其在青年会上演讲之论提出见解。弘一大师说，现在出家的僧人确实存在良莠不齐的现象，但诸位对出家人存在偏见却是事实。为了配合官方整顿僧众的举措，建议浙江省临时政治会议有必要增设两个席位,邀请两名僧人担任委员,专门负责此事。

弘一大师推荐英年有为、胆识过人的弘伞、太虚二位法师。又根据浙江僧众现状,作出如下建议:对服务社会的僧人提倡(此为新派),对山林办道派僧人尽力保护(此为旧派,但不可废),对念经拜佛应付了事的僧人严加取缔,对出家人受戒严加限制。对于既不能服务社会,又不能办道山林的僧众,要想出妥帖的办法。

蔡元培见信之后,回忆起与这位学生在上海南洋公学的师生之谊,又考虑到弘一大师的社会影响力,灭佛之议遂戛然而止。

09

一帘月影
黄昏后

爱护生命二三事

佛法的总纲是戒、定、慧，戒为基础。修学的次第是：持戒、修定、发慧。佛陀在世时对弟子说，等我灭度后，你们应当像我在世的时候一样遵守戒律。戒律对你们来说太重要了，就像黑暗中遇着光明，贫穷人获得财宝，戒律就是你们的导师，一定要遵守。

印光法师为何成为受人尊敬的一代高僧？那是因为他以戒为师，以法为重，以道为尊，名闻利养，不介于怀。也正是由于印光法师的坚守，才使得民国时期趋于衰败的佛教，出现了一缕复兴的曙光。

弘一大师被这缕光芒所感动，产生一种遇到知音的感觉，这种感觉源自二人追求境界的相通，即在有生之年，以身作则，坚守戒律，将自清朝以来形成的世人对佛教的偏见进行矫正。这无疑是一条漫长而艰辛的道路，印光法师已经在路上，弘一大师也即将启程，他将沿着这条弘法之路，将佛教最基本的戒律进行到底，这也是弘一大师选择修持律宗时发下的誓愿。

杀、盗、淫、妄、酒，是佛教戒律中最基本的五戒。淫、妄、酒暂且不提，只说杀、盗二戒。杀戒是佛门第一大戒，也是僧人最容易犯的。因为被杀者并非单指人类，它包括世间一切有生命的物体。

比如老鸭。弘一大师乘船外出，在客船内见到一只老鸭被关在笼中。旁边的主人说，将老鸭送往乡下，宰杀后给病人滋补身体。老鸭闻听，冲着弘一大师嘎嘎地哀鸣，弘一大师非常难过，恳请主人放过老鸭，并表示愿意用三金赎老鸭。在弘一大师的救助下，获救的老鸭随弘一大师下了船。事后，弘一大师让丰子恺将这只老鸭的样子画了出来，收入《护生画集》。

比如小虫。弘一大师云游到上海，住在丰子恺家。丰子恺请弘一大师坐在藤椅上，弘一大师坐之前将藤椅轻轻地晃动，然后慢慢放到地上，小心翼翼地坐下。丰子恺不解，问道，法师为何如此？弘一大师答，这椅子由藤条编成，我担心有小虫子藏于其内，猛然坐下会伤了它们的性命。所以坐之前先摇晃几下，好让它们先行逃避。

比如老鼠。弘一大师在福建永春蓬壶普济寺，住在山中一间简陋的茅棚小屋。一天深夜，被老鼠的吱吱乱叫声吵醒。弘一大师起身点灯观看，发现饥饿的老鼠将他脱下的衣服咬了几个洞，还将屋里佛像的手足咬烂了。弘一大师心疼损坏之物又不想伤害老鼠的性命，忽然想起年轻时读苏东坡诗《次韵定慧钦长老见寄八首》。其中一首写道："左角看破楚，南柯闻长滕。钩帘归乳燕，穴纸出痴蝇。为鼠常留饭，怜蛾不点灯。崎岖真可笑，我是小乘僧。"

通过"为鼠留饭"，弘一大师想出驱鼠的妙招。第二天，弘一大师将早斋和午斋有意留出一部分，撒在佛像脚下，等待老鼠过来食用。就这样坚持了几日，老鼠就被驯服了。每天固定时间、固定地点，老鼠前来用斋，再也不去乱咬衣服和佛像了。弘一大师在普济寺居住近两年，天天如此，再也没有发生过老鼠咬东西的现象。奇怪的是，老鼠始终还是那几只，没有见到它们迅速地繁殖。

在盗戒方面，弘一大师更是严格地遵守出家人的戒律。弘一大师认为，"凡非与而取，及法律所不许，而取巧纳，皆有盗取之心迹及盗取之行为，皆结盗罪"（编者注：此处或为记录者笔误，原文为"而取巧不纳"）。因而做到诸凡一草一木乃至寸纸尺钱，皆必预先征得物主同意方予启用。

弘一大师出家以来，经常有达官显贵提出供养，都被他婉言拒绝。弘一大师告诉布施者："我自出家以来，一向不受人施，挚友及信士弟子供养净资，亦悉付印书，分毫不取。"

弘一大师脚上穿的一双黄鞋子，还是多年前在杭州时一位出家人送给他的。他房间里的被褥，也是出家以前所用的。就连他所穿的小衫裤和罗汉草鞋一类的东西，也是五六年一换，除此以外，一切衣物，大都是在家时或是初出家时所置。

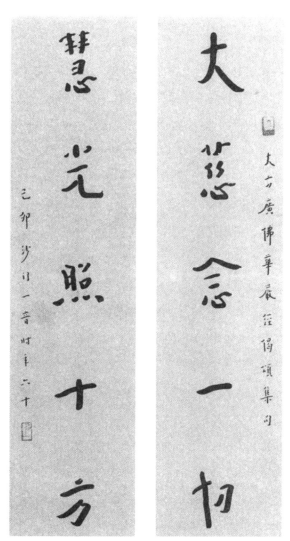

慧日光照十方

己卯莎月一音時年六十

大慈念一切

大方廣佛華嚴經偈頌集句

弘一大师书法作品

生死约定的《护生画集》

一九二七年十一月，弘一大师由温州云游至上海，暂住在学生丰子恺家中。这对师生准备出版一部劝戒杀生的画集。具体由丰子恺作画，弘一大师题写诗文，意在提倡仁爱、劝人戒杀从善，建立人与动物平等的观念，促进人与自然的和谐发展。画集取名为《护生画集》，所谓护生，实际是在护心，去除残忍心，长养慈悲心，然后拿此心来待人处世，这种爱生敬养的思想对现世亦有一定的积极意义。不久，有一位名叫李圆净的居士，主动提出承担编辑、印刷事务，《护生画集》的出版计划正式启动。

一年后，弘一大师与丰子恺通信数十封，反复讨论推敲《护生画集》的创作细节。弘一大师指出，画面的创作要减少刺激、残酷的形式，就感动人心而论，优美之作品似较残酷之作品感人较深。因残酷之作品，仅能令人受一时猛烈之刺激。若优美之作品，则能耐人寻味，似食橄榄然。弘一大师的意图非常明确，意在导俗，不尚文辞。只要对众生有切实的利益，大师愿意牺牲浮华的词采，以直白通俗之言让普通老百姓读懂。

为了便于读者阅读，弘一大师亲自作白话诗数首，分别为《夫妇》：人伦有夫妇，家禽有牝牡。双栖共和鸣，春风拂高柳。盛世乐太平，民康而物阜。万类咸喁喁。同浴仁恩厚（弘一大师按：此诗虽不佳，而得温柔敦厚之旨。以之冠首，颇为合宜）。《暗杀一》：若谓青蝇污，挥扇可驱除。岂必矜残杀，伤生而自娱。《蚕的刑具》：蚕杀百千命，完成一袭衣。唯知求适体，岂毋伤仁慈。《忏悔》：人非圣贤，其孰无过。犹如素衣，偶著尘涴。改过自新，若衣拭尘。一念慈心，天下归仁。

弘一大师在信中坦言对"白话诗"的态度："朽人已十数年未尝作诗。至于白话诗，向不能作。今勉强为之。初作时，稍觉吃力。以后即妙思泉涌，信手挥写，即可成就。其中颇有可观之作，是诚佛菩萨慈力冥加，匪可思议者矣。但念生死事大，无常迅速。俟此册画集写毕，即不再作文作诗及书写等。唯偶写佛菩萨名号及书签。以结善缘耳。此画集中，题诗并书写，实为今生最后之纪念。而得与仁者之画及李居士之戒杀白话文合册刊行，亦可谓殊胜之因缘矣（但朽人作此白话诗事，乞勿与他人谈及）。"

弘一大师认为，阅读《护生画集》的读者，并非愚夫愚妇及旧派之士农工商，而是新派有高等小学以上毕业程度之人。他告诉丰子恺："今此画集编辑之宗旨，前已与李居士陈说。第一，专为新派智识阶级之人（即高小毕业以上之程度）阅览。至他种人，只能随分获其少益。第二，专为不信佛法，不喜阅佛书之人阅览。（现在戒杀放生之书出版者甚多，彼有善根者，久已能阅其书，而奉行惟谨，不必需此画集也）近来戒杀之书虽多，但适于以上二种人之阅览者，则殊为希有。故此画集，不得不编印行世。能使阅者爱慕其画法崭新，研玩不释手，自然能于戒杀放生之事，种植善根也。"

《护生画集》第一集于一九二九年由开明书店出版，弘一大师书，丰子恺画，编辑李圆净，序作者为马一浮。这一年恰逢弘一大师五十寿辰，弘一大师与丰子恺约定，从一九二九年大师五十岁起，每十年作一集，各为五十幅、六十幅、七十幅、八十幅，九十幅和一百幅，与弘一大师年龄同长。丰子恺对恩师作出最郑重的承诺："世寿所许，定当遵嘱。"至此，即便是在逃难流离的岁月，丰子恺也以坚韧的毅力挤出时间作画，在生命即将走向终点的时刻完成了全部画作。

《暗杀一》（图片出自《护生画集》）

《蚕的刑具》（图片出自《护生画集》）

《护生画集》书影

临时编的"讲义"

　　关于信仰这件事，弘一大师曾与夏丏尊有过一番讨论。弘一大师说夏丏尊执着于"理"，忽略了"事"的一方面，特意为他说过"事理不二"的法门。夏丏尊依了弘一大师的谆嘱，读了好几部经论，仍是不得要义。从此以后，弘一大师行脚无定，夏丏尊不敢向他谈及自己的心境。弘一大师也不来苦相追究，只在给夏丏尊的通信上时常见到"衰老浸至，宜及时努力珍重"等泛劝的话而已。

　　自从白马湖有了晚晴山房以后，弘一大师曾来小住过几次，多年来阔别的旧友复得聚晤的机会。弘一大师的心境已达到了什么地步，夏丏尊当然不知道，而自己的心境仍是十年前的老样子，牢牢地在故步中封止着。弘一大师住在山房的时候，夏丏尊虽曾虔诚地尽护法之劳，送素菜、送饭，对于佛法本身却从未说到。

　　有一次，弘一大师将离开山房到温州去。那是秋天，天气很好，夏丏尊邀弘一大师乘小舟游览白马湖风景。在船中大家闲谈，话题忽然提到蕅益大师。蕅益名智旭，与莲池、紫柏、憨山并称为明末四大师。弘一大师于当代僧人推崇印光，于前代则佩仰智旭，一时曾题其住室曰"旭光室"。

夏丏尊也曾读过不少蕅益的著作。据《灵峰宗论》上所附的传记，蕅益二十岁以前是一个竭力谤佛的儒者，后来发心重注《论语》，到《颜渊问仁》一章不能下笔，于是出家为僧。在流传后世的书目中，蕅益做和尚以后曾有一部著作叫《四书蕅益解》，夏丏尊搜求了多年没有见到。这回和弘一大师谈来谈去，话题落到这部书上面。

弘一大师："《四书蕅益解》前几个月已出版了，有人送我一部，我也曾快读过一次。"

夏丏尊："蕅益的出家，据说就为了注《四书》，他注到《颜渊问仁》一章，据说不能下笔，这才出家的。《四书蕅益解》里对《颜渊问仁》章不知注着什么话呢？倒要想看看。"

弘一大师："我曾翻过，似乎还记得个大概。"

夏丏尊急问："大意怎样？"

弘一大师："你近来怎样，还是唯心净土吗？"

夏丏尊不敢说什么，只是点头。

弘一大师："《颜渊问仁》一章，可分两截看。孔子对颜渊说，'……克己复礼，只要克己复礼，本来具有的，不必外求为仁'，这是说'仁'就足够了，和你所见到的唯心净土说一样。但是颜渊还要'请问其目'，孔子告诉他，'非礼勿视，非礼勿听，非礼勿言，非礼勿动'，这是实行的项目。'克己复礼'是理，'非礼勿视'等是事。所以颜回下面有'请事斯语矣'的话。理是可以顿悟的，事非脚踏实地去做不行。理和事相应，才是真实工夫，事理本来是不二。蕅益注《颜渊问仁》章大概如此吧，我恍惚记得是如此。"

夏丏尊："啊，原来如此。既然书已出版了，我想去买来看看。"

弘一大师："不必，我此次到温州去，就把我那部寄给你吧。"

弘一大师离开白马湖不久，就把《四书蕅益解》寄来，书面上用端楷写着"寄赠丏尊居士""弘一"的款识。夏丏尊急去翻《颜渊问仁》一章。不看犹可，看了不禁"呀"地自叫起来。

原来蕅益在那章书里，只在"回虽不敏，请事斯语矣"下面，注着"僧再拜"三个字，其余只录白文，并没有说什么，出家前不能下笔的地方，出家后也似乎还是不能下笔。所谓"事理不二"等的说法，全是弘一大师针对夏丏尊的困惑，临时为他编的讲义。

視人之善猶己之善 視己之善猶人之善念·同觀

至古無間法界偕遊 四德城方滿最初宏誓願 慈

視人之惡猶己之惡 視己之惡猶人之惡猶省力除

無令愧怍法界眾生 三毒除彼我同歸無上覺 悲

視人之樂猶己之樂 視己之樂猶人之樂 所欲與共

嫉妬永卻法界同欣 法喜充不向偏空尋晏行 喜

處應無窮大圓鏡智 照不疲豈似摧乘作意通 捨

善惡性具善惡性空 何喜何怒如空御風默持機感

蕅益老人四無量心銘 己卯秋演音敬錄

弘一大师书《蕅益老人四无量心铭》

百善孝为先

佛陀在圆寂前有两部遗嘱，一部是《地藏经》，一部是《佛遗教经》。《地藏经》是讲报恩尽孝的，是佛弟子必修的经典。

弘一大师出家后大力推崇《地藏经》，这与两位高僧有关。第一位是明朝的蕅益大师。弘一大师非常敬仰蕅益大师，曾为蕅益大师重新修订过年谱。

蕅益大师曾说："智旭深憾夙生恶习，少年力诋三宝，幸赖善根未损，得闻本愿尊经，知出世大孝，乃转邪见而生正信。""智旭"是蕅益大师的法名。

第二位是印光法师。印光法师在《地藏经石印流通序》讲道："……而地藏往劫救母二事，于此义意，更为真切著明。诚可谓险道之导师，昏衢之慧炬，贫乏之宝藏，凶岁之稻粮。俾一切迷昧众生，速得觉悟。一切孝顺儿女，有所师承。经之利益，莫能宣说。西天东土，读此经而兴起者，何可胜数。"

每逢地藏菩萨圣诞，弘一大师都会付诸

行动，或抄经，或回向，或绘像。每逢父亲、母亲冥寿，弘一大师都会发心回向，以尽孝道。

一九三〇年，弘一大师因为听《地藏经》大哭不已。弘一大师在金仙寺听静权法师讲《地藏经》将近四十天，每天都准时列席，从未迟到。静权法师对《地藏经》研究得非常精微，常引古人诗文，孝敬父母、师长之教导，对经意和故实疏理得细密有致，井井有条，毫无遗漏，听者无不为之叹服，故对其有"活地藏"的美称。

静权法师说，从佛菩萨到诸宗祖师，从唐代高僧到近代大德，没有一个不孝顺父母的，也没有一个不恭敬佛、法、僧三宝的。静权法师的每一句话、每一个字，像银针一样扎在弘一大师的心上，让他悲从中来，不可断绝。

这时，听众席上忽然传来一阵哭声，众人愕然，哭者正是弘一大师。静权法师的讲解，让弘一大师想到亡母不堪回首的人生境遇，母亲是李家的小妾，自己则是庶出的儿子。母亲一生郁郁寡欢，四十多岁因病去世，去世之时自己在外购买棺木，没能见到母亲最后一面，故引为一生之憾。课后，弘一大师写下座右铭："内不见我，则我无能；外不见人，则人无过。一味痴呆，深自惭愧；劣智慢心，痛自改革。"

佛　三身讚

佛　一百八名讚

廣大發願頌

歲次辛酉四月二十一日
亡母王太淑人六十年誕敬寫讚頌
三種以此功德迴向亡母辭脫塵緣
往生極樂
弘裔沙門僧胤

弘一大师为亡母敬写赞颂三种

律宗第十一代祖师

佛陀生前就为僧团制定了戒律，目的是让僧人有一个修持身心的标准。佛陀将要涅槃时，众弟子公推阿难请示佛陀四个问题。

第一个问题，佛陀住世时，我们依佛为师，佛陀涅槃后，我们依谁为师？

佛陀明确指示："我涅槃后，应依戒律为师。"

由此可知戒律在佛陀心目中的重要地位，这也是弘一大师后来常常为同门法侣、教友书写"以戒为师"的出典由来。

佛教诸宗中，律宗最注重戒律的修持。根据戒律规定，出家受了戒后，必须学戒五年，不离依止，如此才能在僧团过独立生活，因此戒律是每位僧人必须学习和遵守的。弘一大师按照佛制，学律持律，以自己严格的持戒行动，为教界树立模范。

戒律的实行主要体现在日常生活中，具体说来，不外乎衣、食、住、行的如理如法。比如说受戒后的过午不食，每日只食二次，第一次大约在上午六时，即明相出后；第二次是上午十一时。

道宣开创律宗。唐天宝元年（公元742年），道宣门下弘景的弟子鉴真到日本弘扬律宗，鉴真当时带着道宣所著的

弘一大师晚年道影

《四分律行事钞》《四分律戒本疏》《四分律羯磨疏》"南山三大部"东渡日本。在鉴真的传播下，律宗在日本开花结果，被天皇诏赐"传灯大法师"之号，日本律宗由此肇始，鉴真被尊为日本律宗开祖。

元照兴盛律宗。到了宋朝，元照撰"三记"解释道祖的三大部疏，即《行事钞资持记》《戒本疏行宗记》《羯磨疏济缘记》。南宋禅宗盛，律宗乏人过问，唐宋诸家律学著述悉皆散失。到了清初，只存《南山随机羯磨》一卷。

蕅益延续律宗。到了明末，中国已找不到了"南山三大部"的踪影，律宗一脉至此濒临断绝，蕅益凭借可见的资料仅写出《灵峰毗尼事义集要》。

弘一大师重振律宗。到了晚清，徐蔚如从日本请回"南山三大部"，然后在天津刻经处刻印、刊行。徐蔚如听说弘一大师重"有部"而轻"南山"，就写信说，以为我国千百年来秉承南山一宗，现在弘扬戒律，应该继承前人事业，不宜另辟蹊径。

对于徐蔚如的建议，弘一大师深以为然，至此弘一大师渐渐放弃有部律，研习南山律，并在佛前发愿，弃舍有部，专学南山，尽力弘扬以赎昔年轻谤之罪，从此弘一大师就专攻南山律了。

修律以来，弘一大师完成的最重要的一部佛学著作是《四分律比丘戒相表记》。古奥难读的《四分律》，经弘一大师以"表记"方式，将每个戒条表列出"罪相""并制""境想""开缘"等，一一加以阐述归纳，使其分清开、遮、持、犯的界限，并引用道宣《行事钞》与灵芝《资持记》中许多精彩律疏，以借古德之劝谕，而作时流之针砭，从而收到"易于普及"和"方便检索"两大功效。

《四分律比丘戒相表记》初步解决了初学律者"研寻本律（即《四分律》），每以罪相之文，繁复纷杂，融贯为难"的难题，为出家比丘僧提供了一部种种细微戒相均"朗然昭列"的学律用书。以后又有《南山律在家备览略编》，并圈点校注道祖所撰的《四分律比丘含注戒本》《四分律删补随机羯磨》《四分律删繁补缺行事钞》及灵芝元照的《三记》，全部手迹影印出版，为后世学律的佛弟子留下正确的范本。

南山律学，已八百年湮没无传，何幸遗编犹存东土。关于律学著作，除了《四分律比丘戒相表记》外，弘一大师还写过《南山律在家备览略编》《五戒持犯表》《三皈略义》《八戒略义》《授三皈依大意》《新集受三皈五戒八戒法式凡例》等。此外，弘一大师大力提携律学人才，培养出广洽、性愿、传贯等律学高僧，为律宗在中国乃至东南亚的弘扬播撒下佛种，被中国佛教界誉为"重兴南山律宗第十一代祖师"。

10

不如归去
归故山

一条破麻袋

一九三七年五月上旬，梦参法师来到厦门万石禅寺。梦参法师此行的目的是邀请弘一大师到青岛湛山寺结夏安居，讲律弘法。

梦参法师："我受湛山寺住持倓虚法师之命，前来邀请大师到青岛弘法，倓虚法师是天津北塘人，与您是同乡。"

弘一大师听后默默无语，并未答应。梦参法师失望而归，临行时弘一大师对梦参法师说："你早点回去，免得大家盼望。"

梦参法师行礼之后，提出一个问题："《梵网经》上讲，一个受持菩萨戒的出家人，如果有人请他去说法，他无缘无故推辞不去，这是违背佛制的。我从二十岁那年开始，就有人请我讲经，我不管讲得好还是不好都去讲。以后如果再有人请我讲经，我是去讲呢？还是不去讲呢？请您老为我开示。"

弘一大师听后面色凝重："你给我出了一道难题。"

梦参法师："我没有别的意思，只是请您老开示而已。"

弘一大师常用印

弘一大师慈和地对梦参法师说："你先回寮房去吧。"

过了一会儿，弘一大师派遣侍者请梦参法师到他的寮房里去，对梦参法师说："你先打个电报回湛山寺，告诉他们，五天后我们由厦门起程去青岛。"

动身之前，弘一大师提出三点要求，让梦参法师转告寺方。第一，不为人师；第二，不开欢迎会；第三，不登报吹嘘。

倓虚法师答应了弘一大师的要求。五月中旬，弘一大师与随行的弟子及前往邀接的梦参法师一行五人，在青岛大港码头下船。湛山寺住持倓虚法师领僧俗二众前往迎接。弘一大师穿一身半旧的夏布衣裤，外罩夏布海青，赤脚穿一双草鞋，步履轻捷，精神抖擞，与湛山寺众僧见面后，只简单地说了几句话，全无世俗的寒暄客套。

弘一大师只带一条破麻袋包，麻绳扎口，里面一件破衲衣、破裤褂，一双破旧不堪的软帮黄鞋，一双补了又补的草鞋。一把破雨伞，上面缠了好些铁条。另有一个竹提盒，放了些旧报纸，还有几本关于律学的书。

倓虚法师在湛山寺后院，为弘一大师建了一排叫"五间房"的僧舍，可是弘一大师并没有住进去。

倓虚法师："里面很简朴，符合法师的要求，可安心居住。"

弘一大师："佛家没有分别心，没有贵贱之分，要住都住一样的房子。"

事能知足心常惬

人到無求品自高

先進士公六十八歲生餘今夏六月五日為
公百二十齡誕辰公逝於桂理之學身體力行

是聯句其遺作也賀平君士請書以為記念

歲在壬申大雪後李沙門演音時居草山

弘一大师书法作品

弘一大师最后住到了倓虚法师宿舍的东间。因弘一大师持戒，寺里没有另备好菜饭。头一次做四个菜送寮房里，弘一大师一点没动；第二次又预备次一点的，还是没动；第三次减成两个菜，仍然不吃；末了盛去一碗大众菜。

弘一大师问送饭的人："是不是僧众都吃这个。是的话，我就吃，不是我还是不吃。"

送饭人回答："与其他僧众一样，并无分别。"

弘一大师这才下筷进食，把饭菜吃干净之后，要用开水冲一下碗，然后把余汁喝掉，生怕浪费半粒米。他一日两餐，过午不食。房间都是他自己收拾，不另外找人伺候，窗子、地板都弄得很干净。

弘一大师在湛山寺开示的课讲题目是"律己"，他强调，学律的人先要律己，而不能拿戒律去律人。学律非易事，弘一大师自谦，他虽学律近二十年，仅可谓为学律之预备，及得窥见了少许之门径；再预备数年，乃可着手研究，以后至少须研究二十年，乃可稍有成绩。奈何现在老了，恐不能久住世间，很盼望有人能发心专学戒律，勉励进行。

在湛山寺弘法期间，弘一大师每天要走出山门看海。他站在海边的礁石上向远处瞭望，看碧绿的海水、雪白的浪花、往来的船只、翔集的鸥鸟，与大海做心灵的感应，与自然做无言的交流，每有神会，不胜欣喜。

弘一大师晚年道影

青岛高官慕名请弘一大师吃饭，弘一大师没有赴约，托人送去一张纸条，上写一首诗："昨日曾将今日期，短榻危坐静维思。为僧只合居山谷，国土筵中甚不宜。"

高官读罢苦笑离去，但丝毫没有怪罪之心。因为诗中讲得非常明白，我是一个穷和尚，没有福分与高官同席用餐，幽谷的草木，只适合待在山谷；高山的绿松，山顶才是居所。幽谷的草木与山顶的绿松，因为物种与气候不同而形状各异，共同生长于这个世界，但并无矛盾。

一九三七年的微笑

一九三七年七月，抗日战争全面爆发，青岛形势告急，商家与市民均在逃难。弘一大师带领众法师从青岛返回厦门，一行人先抵达上海，见到在开明书店供职的夏丏尊。

弘一大师见夏丏尊的脸上有愁苦的神情，笑着对他说："世间一切，本来都是虚幻的，不可认真，前回我不是送你《金刚经》的四偈了吗？"

夏丏尊："当然记得，一切有为法，如梦幻泡影，如露亦如电，应作如是观。"

弘一大师："你现在正可觉悟这真理了。"

夏丏尊："脱俗的办法就是在尘世间修行，彻悟本心的功夫在于尽心体会，每次与你交谈，我都能有所顿悟。"

弘一大师："讲习学问而不亲自实践，就成了只会念经而不懂佛理的和尚，我要做的是身体力行的和尚，你也应该做身体力行的居士可好？"

夏丏尊："你当年说我是能说不能行的，今后我就做一个能说又能行的人。"

弘一大师计划在上海停留三天，然后再返回厦门。第三天，夏丏尊又去看望他。

弘一大师住的旅馆靠近外滩，日本人的飞机就在附近狂

弘一大师晚年道影

轰滥炸。一般人住在里面，似乎每隔几分钟就要受惊一次。然而弘一大师镇定自若，只是微动着嘴唇端坐念佛。这天中午，夏丏尊与几位朋友请弘一大师到觉林蔬食馆吃饭，饭后来到一家照相馆。

夏丏尊："给法师拍一张照片吧。"

弘一大师："为何照相？"

夏丏尊："上海四郊空爆最亟，你的面上犹留笑影，我想留下这个瞬间。"

拍完照片的次日，弘一大师动身返回厦门。弘一大师刚回到厦门，就感觉到了战事到来的紧张气氛。一天早晨，弘一大师在承天寺食堂用餐，当食之际禁不住潸然流涕，极为痛苦地对弟子们说："吾人所吃的是中华之粟，所饮的是温

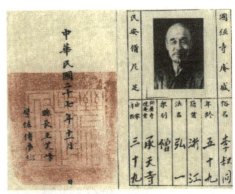

弘一大师僧人证

陵之水，身为佛子，此时此刻，不能共纾国难于万一，自揣不如一只狗子，狗子尚能为主守门，吾人却一无所用，而犹腼颜受食，能无愧于心乎！"

弘一大师将居室自题为"殉教堂"，他担心夏丏尊等远方朋友们挂念，去信说："厦门近日情况，仁等当已知之。他方有劝余迁居避难者，皆已辞谢，决定居住厦门，为诸寺院护法，共其存亡。必俟厦门平静，乃能往他处也。"

在致李芳远的信中，弘一大师说："近日厦市虽风声稍紧，但朽人为护法故，不避炮弹，誓与厦市共存亡……吾人一生之中，晚节为最要。愿与仁等共勉之。"

那段时间，弘一大师写了许多条幅送人结缘，内容是：念佛不忘救国，救国不忘念佛。并加跋语云："佛者，觉也。觉悟真理，乃能誓舍身命，牺牲一切，勇猛精进，救护国家。"

劝名医向善

全面抗战爆发后，物资匮乏，老百姓身心俱疲。名医杜安人在晋江檀林开诊所行医，医术高明，但费用昂贵，致贫穷患者无力上门求医。

这一天，杜安人怀着一颗无比崇敬的心，到福林寺求谒弘一大师。

弘一大师见到杜安人的第一句话："你太贵了。"

杜安人以为在说自己穿戴奢华，急忙解释："今日前来见法师，特地打扮一番。"

弘一大师沉默，起身写了一幅字送给杜安人，上面写着："不为自己求安乐，但愿众生得离苦"。

之后，弘一大师将自己旧存贵重西药十四种赠给杜安人："你是医生，将这些药品给那些最需要的人。"

看着惊慌失措的杜安人，弘一大师又说："我为你的诊所写了一副对联。"

杜安人："听说法师近期才宣布，不再为他人书写墨宝……"

弘一大师淡淡一笑，念道："安宁万邦，正需良药；人我一相，乃谓大慈。"

杜安人："法师慈悲，在下惭愧。"

几日后，弘一大师收到杜安人的一封信，信中说："由

弘一大师书法作品

于领受这次的恩赐以后，我希望良心会驱使我，把我既往的卑鄙、从前的罪恶，在可能范围内，尽量地改革过来，效法师'慈悲众生'的婆心，真正把'关怀民瘼'的精神培植起来。我所受惠的，其精神方面的价值，将较胜于物质的百万倍矣。"

弘一大师将离开檀林福林寺，杜安人又再函弘一大师谢其教诲，并撰赞词以彰弘一大师之大德："当代高僧，读遍佛经，书法尤精，贪念不萌，寒暑再更，道岸得登，与人何争，救世福星，幸观仪型，时见墙羹，难再同升，想望葵倾，不灭不生。"

此后，杜安人将出诊费和药价降低，一时间求诊者络绎不绝，被十里八乡的百姓尊称为"医术之王"。

去去就来

一九四二年十月十三日下午，妙莲法师苦劝弘一大师进药，弘一大师说："常人须待三寸水尽，方作死看，不与医药，此实大错特错。不如将此吃药等之延缓时间，用来念佛，何等利益。你是明佛法之人，不应当作此想。这是临终大事，你要好好帮我念佛。常人多劝我住世，眼光太近，不知我生西以后，可以乘愿再来，一切度生诸事都可圆满成就。"

傍晚七时左右，弘一大师皮肤微热，呼吸急促。妙莲法师派人到泉州开元寺，请来王拯邦居士与寿山法师，商量弘一大师临终诸事。随后让传贯法师入室。按照弘一大师遗嘱，在现场准备好助念之物。待弘一大师安详卧后，妙莲法师贴身俯耳通知："我来助念，我来助念！"便与传贯法师一起诵念《普贤行愿品》赞，直至"所有十方世界中"。接着大声诵念"南无阿弥陀佛"十声，再唱回向偈"愿生西方净土中"，直至"普利一切诸含识"。

晚八时，弘一大师在缓缓的诵经声中安祥而逝。禅房的墙上挂着两件物品，一件是一把黑色已褪成暗灰色的布雨伞，被收藏在套袋里，袋的两头紧缩，有带子可以背在身上。这把伞是弘一大师母亲的遗物，弘一大师一生南来北往，都要随身携带，如同伴随着母亲一般。另外一件是一节枯萎的松树枝，那是弘一大师出生当日，一只喜鹊口中衔来放在窗边之物，而后喜鹊冲着刚刚诞生的弘一大师喳喳地鸣叫。

十月三十一日，远在上海的夏丏尊收到弘一大师提前写给他的遗书："君子之交，其淡如水；执象而求，咫尺千里。问余何适，廓而亡言；华枝春满，天心月圆。谨达不宣，音启。"夏丏尊双手颤抖地

妙莲法师

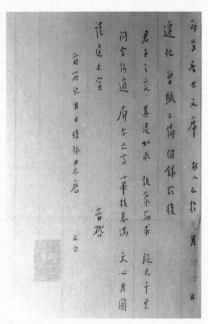

弘一大师提前写好的遗嘱

合上那封信，想起十多年前在上虞晚晴山房，与诸位朋友为弘一大师庆祝五十岁寿辰时的场景。

那天夏丏尊戏问弘一大师："将来万一你有不讳，临终啊，入龛啊，荼毗啊，我全是外行，到时候怎么办？"

弘一大师笑答："我已写好遗书，到必要时候会交给你，如果你在别的地方，我会嘱咐你家里发电报叫你回来。你看了遗书，一切照办就是了。"

夏丏尊轻声读着："君子之交，其淡如水……"

随后哽咽道："这是你我这辈子最深的交往。"

弘一大师在泉州圆寂，学生丰子恺正避难遵义。得此噩耗，丰子恺并没有哭，而是在窗下静默了几十分钟，小声说："我希望法师在这世间久住，但我确定法师必有死的一日。我时时刻刻防你死，同时时刻刻防我自己死一样。法师，你终究活成一个真正的人了，弟子替您欢喜。在我有生之年，《护生画集》一定画完，法师放心。"

随后，丰子恺给上海的刘质平打了一个电话："师兄，法师往生了。"

电话那头的刘质平语气平缓："法师多次告诉我们，有生必有死，有聚必有散，一切都是无常的。我们不应该被尘俗所束缚，一定要超越生死和起灭的世界。"

丰子恺："法师乘驾着生死的波涛，以救度众生出离苦海，他给众生引见大道，使他们能尝到解脱和喜乐的滋味。"

刘质平："他帮我把那些破碎的信仰重建，帮我把心底的黑暗驱赶，帮我在这乱世中找到方向，将黑暗变为光明，他是我的佛菩萨。"

丰子恺："法师给了我生命的启示，他虽死犹生，我就是这么想的，才不至于过度悲伤。"

刘质平："我们不应该悲伤，应该为他欢喜。他此生活得洒脱，终于成为一个脱离动物性并且完全忠于自己内心的真正的人。"

丰子恺："君子之交，其淡如水。"

刘质平："华枝春满，天心月圆。"

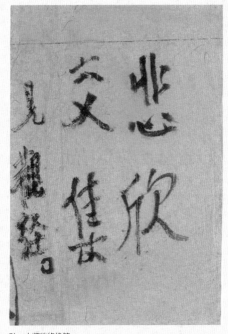

弘一大师临终绝笔

HOW TO READ TIANJIN GREAT TALENTS

后记

一座城市的文化名人、历史遗迹、自然风物，是城市生命的一部分。

天津拥有600多年的建城史，既有辉煌的历史，又有广阔的发展前景，是一座古老又年轻的城市。百年中国看天津，近代天津人才辈出、群星璀璨，对天津乃至中国影响深远。

"阅读天津·群星"汇集了十册天津历史上的前辈大师的传记——严复、梁启超、张伯苓、李叔同、周叔弢、杨石先、曹禺、陈省身、孙犁、马三立，他们在思想、教育、艺术、实业、科技、文学等不同领域，反映了天津城市精神的高度和深度。

当梁启超在饮冰室伏案疾书，笔毫轻柔，却策动轰轰烈烈的护国运动；当张伯苓在南开大学始业式上提出"爱国三问"，话语平实，却激荡全国学子自强图存的爱国情怀；当陈省身坐在轮椅上为本科生讲授微积分，满头银发，却思维敏锐地点拨着中国数学的未来人才；当马三立上台三两句话就引得众人捧腹大笑，轻声细语，却道出老百姓的喜怒哀乐和生活精髓……

　　"阅读天津"系列丛书的策划、创作、出版过程，凝结着众多关心热爱天津这座城市的人的心血。此前发布的"津渡"一辑以海河为切入点，让读者犹如乘舟顺水而下，遍览一部流动的城市史诗。"群星"一辑则是为十位大先生立传，也是为这座城市立传。他们在各自领域成就斐然，是天津精神的集中体现。讲述大先生的生活经历和思想轨迹，也是在讲述大先生之于当代人的意义——高山仰止，景行行止！

　　编辑出版"群星"的过程是我们对中华优秀传统文化进行通俗化阐释的一次尝试，旨在进一步突出天津这座城市鲜明独特的文化内涵，让更多的朋友再次发现天津的城市魅力，通过阅读天津，进一步认识天津、热爱天津。为了延续"津渡"一辑的热度，高质量出版"群星"小辑，我们约请了多位颇具创作实力的撰写者参与创作：赵白生、徐凤文、岳南、康蝻、于霁丹、韩石山、杨一丹、李扬、张国、张莉、马六甲。这些创作者中既有长期从事相关研究的学者，也有文采卓然的专业作家，还有传主的家属。各位作者从不同角度对十位大先生的人生经历进行了深入浅出的解读，通过对人物的挖掘，彰显了近现代天津独具风韵的人文精神。

最后，感谢中共天津市委宣传部为本书出版进行的谋划指导，帮助鼓励我们打造文化品牌，出版津版好书；感谢罗澍伟、谭汝为等专家学者为我们提供学术支持，修正内容细节；感谢"群星"的作者、设计师、摄影师以及每一位为本书出版付出努力的人。当然，最应该感谢的是我们的读者，正因有这些天津故事的阅读者、传播者，才有了天津文化的不竭源流。期待能够以书籍为桥梁，与广大读者一起领略"群星"闪耀的天津风采，共同见证这座古老而又年轻的城市在新的历史坐标上绽放光华。

"阅读天津"系列口袋书出版项目组

2023年11月